Conversaciones con Criterio

Sobre la entrevista de trabajo

Elisardo López Ibáñez

DEDICATORIA

Este libro está dedicado a mi esposa Hayley y a mis hijos Claudia e Isidro. También a mis dos perros, Ruki y Scooby.

Con ellos mi vida es más completa y divertida.

Suena el despertador, por primera vez desde hace unos meses, para el joven Carlos. Se levanta con ciertas prisas y un poco atolondrado. Debe coger el tren en unos minutos en dirección a Laquetespera, la ciudad donde tiene concertadas sus tres primeras entrevistas de trabajo.

Se despide de su madre, doña Mercedes, con premura, pero de manera cariñosa. Vive solo con ella porque su padre falleció hace diez años, cuando Carlos empezaba su etapa adolescente.

No quiere ponerse traje, un amigo le ha dicho que lo importante en la vida es ser uno mismo y que una entrevista de trabajo es la primera gran oportunidad para demostrarlo. Así que, desoyendo los consejos de su madre, luce sus mejores pantalones vaqueros, zapatillas de deporte y camiseta blanca. Piensa que "lo importante es estar cómodo para poder hacer bien mi trabajo, igual que cuando estudio o hago un examen".

Doña Mercedes adora a su hijo, aunque vive poseída por la impotencia propia de no saber cómo advertirle de ciertas cosas. Como muchos jóvenes, no escucha, y mucho menos a su madre:

—Cariño, ¿tú no crees…? —interpela doña Mercedes sin levantar excesivamente la voz y con tono resignado.

—Me voy corriendo mamá —interrumpe Carlos mientras concede un beso fugaz a su madre—, ya me comentas lo que sea esta noche cuando vuelva. ¡Adiós!

—Pero, hijo, esos vaqueros…, con la ropa tan bonita que tienes en tu armario… —susurra para sí doña Mercedes mientras ve alejarse a su hijo que corre a toda velocidad calle abajo hacia la estación.

Carlos tiene 23 años y hace cuatro meses que terminó sus estudios universitarios. Dispone de algunos talentos, pero es tan despistado y despreocupado que a veces parece venido de otro planeta o de otro tiempo, al menos eso es lo que piensan las personas mayores que le conocen. Rezuma inocencia, actitud independiente y una enorme falta de experiencia. Pero todo ello no le ha impedido obtener resultados más que notables en su historial académico. Sólo se le ha evaluado por su capacidad para superar exámenes, y eso siempre se le ha dado francamente bien.

Sale el tren, le esperan dos horas de paisajes fugaces, minutos para rellenar e intentar evitar los nervios que se concentran en el estómago cada vez que piensa cómo irá todo.

No había desayunado nada debido a las prisas, así que se dirige a la cafetería del tren para templar su estómago con un vaso de leche caliente y un sándwich de jamón y queso cuya foto en la pared cautivó su interés por lo apetitoso de su apariencia. Su desayuno no defrauda las expectativas gustativas, aunque no es menos cierto que le parece bastante caro.

Se refugia de nuevo en su asiento y, sin darse apenas cuenta, hipnotizado por el transcurrir acompasado de los postes telefónicos que conviven junto a las vías, queda invadido por una placentera sensación de sosiego que le conduce junto a Morfeo. Sueña que el entrevistador tiene orejas grandes y ojos saltones que se enrojecen al decirle: "Señor Carlos, dígame algo interesante o lo pagará muy caro...".

Despierta sobresaltado ante la llamada de una agradable señora que le toca el hombro diciendo con voz cálida y atenuada:

— Eh, joven, despierte, que hemos llegado.

— Gracias, gracias, muchas gracias —exclama sobrecogido dando un salto sobre su asiento.

Nada más detenerse el tren, se apea el primero de su vagón y busca apresurado la salida de la estación para dirigirse a la parada de taxis. Inmediatamente un conductor le hace señas para que tome asiento en la parte trasera de su vehículo.

Siempre había sido muy despistado, pero eso nunca le había generado excesivos inconvenientes. Es más, le gusta esa imagen de sí mismo porque la asocia a cierto aire de misterio y genialidad que piensa que le favorece frente a los demás. Pues dicho y hecho, para no defraudar expectativas, sus manos revolotean frenéticas de un bolsillo a otro de sus pantalones buscando desesperadamente el papel donde había apuntado la dirección, el teléfono y el nombre de la persona con la que debía entrevistarse:

— ¿Está bien? —pregunta el taxista con interés.

— Sí, no se preocupe, es que he perdido el papel con la dirección a la que me dirijo. No sé dónde lo habré metido y es que no me acuerdo ni del nombre de la empresa a la que voy. Era Otad, Pritá o algo así...

— Bueno, supongo que no será muy importante la cita entonces, ¿no? —incide el veterano conductor con cierta sorna.

— Claro que es importante, es mi primera entrevista de trabajo y he recorrido 300 kilómetros para hacerla —replica Carlos en rebeldía frente a lo que le ha parecido un comentario hiriente.

— Bueno, normalmente, cuando algo te importa te aseguras de que dejas todo bien atado para que no haya sorpresas de las que se pueden evitar. Espero que no haya olvidado la cartera… que todo este tiempo no es gratis, mi joven amigo.

— No se ría de mí, hombre, no ve que estoy agobiado —contesta debilitado al verse abatido por las circunstancias.

— No me río, pero es que todos los jóvenes sois iguales… Y la vida os tiene preparados muchos palos y sinsabores. Tengo un hijo como tú y siempre discutimos por las mismas cosas: la forma de vestir, los modales, la disciplina, cumplir los compromisos, la seriedad en el trabajo…

— Me recuerda usted a mi madre. Si ella estuviera aquí estaría de acuerdo con usted y diciéndome: "ves como tengo razón…".

— Pues escucha un poco más, porque quizá hay algo positivo para ti detrás de todos estos consejos. Os cerráis en banda y es imposible hablar con vosotros... Bueno —comenta el taxista abandonando el sermón y dando señales de que no puede perder más tiempo—, es tu problema, hijo, ya irás aprendiendo. ¿Qué, encuentras el papel o voy pidiendo unos churritos en el bar de enfrente?

— No lo encuentro, no —exclama desesperado y enfadado—. Voy a llamar a mi madre para que me ayude. Bueno, pues estoy de suerte hoy… no he cargado la batería del móvil y se ha apagado.

— Así se hacen las cosas, sí señor, sales al campo a jugar y te das cuenta de que te has olvidado las botas, estupendo… —añade el taxista sin poder reprimir su posición crítica hacia Carlos.

— Bueno, vale ya ¿no? ¿Me puede ayudar o le compro unas palomitas para que siga disfrutando del espectáculo? —replica bravucón Carlos.

— Oye, jovencito, un respeto a las canas o te pongo en tu sitio antes de que pestañees.

— Lo siento, pero estoy muy nervioso y usted tampoco me ayuda precisamente. Bueno, estoy desesperado y necesito un móvil, ¿puede dejarme el suyo, por favor? Necesito hablar con mi madre.

— No tengo saldo, ahí enfrente tienes una cabina de teléfono — responde seco y cortante el taxista.

— Bueno, vale, iré a llamar un momento. ¿Tiene cambio? No llevo monedas.

— Pues ando muy justo, lo siento. Ahí —explica señalando con su brazo izquierdo— tienes un bar en el que seguro que te cambian.

— Lo dicho, que hoy es mi día de suerte —resopla Carlos con la cabeza gacha mientras abre la puerta disponiéndose para salir.

Sale del taxi con la intención de no regresar, está farfullando y prometiendo venganza. "Este papanatas se va a enterar, no pienso volver ahí dentro". Pero, para su sorpresa, el que toma la iniciativa es el taxista que, harto de aguantar, mete la primera y sale a toda velocidad en cuanto nuestro joven incauto cierra la puerta. "Que lo aguante su tía, estoy hasta las narices, así aprenderá a saber cómo funcionan las cosas en el mundo real. Debe darse cuenta de que todo tiene consecuencias en esta vida" profería malhumorado el taxista mientras se difuminaba ágilmente por el callejero de la ciudad.

Carlos está al borde de un ataque, no se puede creer lo que le está ocurriendo. "Qué mala suerte", se queja, "deberían comprender que vengo de lejos y que estas cosas le pueden pasar a cualquiera".

Ya dentro de la abarrotada cafetería, saca un billete de 50 euros y lo exhibe al primer camarero que aparece detrás de la barra:

— ¿Me cambia para poder llamar por teléfono, por favor?

— Lo siento, hijo, pero estamos mal de cambio. Si compras algo, tengo que admitirte el billete, pero así, sin más, no puedo hacerlo.

Carlos no se lo puede creer, "esto está yendo demasiado lejos". Piensa momentáneamente que debe existir alguna trama conspiratoria en su contra porque no encuentra una manera de explicarse esta confabulación.

Sale con gesto fruncido del local, pero se gira repentinamente y vuelve a entrar rápido acudiendo con decisión a la barra. Haciendo gala de su particular sentido común, lejos de pedirse algo de bollería plastificada lista para llevar, pide un café con leche y una tostada. Claro, los minutos se suceden interminables y sometidos a un sincretismo de sensaciones incoherentes e indescriptibles que atraviesan sin control el cuerpo de nuestro protagonista. Por fin, después de diez exasperantes minutos, alguien trae la comanda, pero se da media vuelta sin decir nada y antes de que Carlos le pudiera siquiera soltar la ansiada frase de "¿me cobra?". Tiene que esperar otros cinco minutos antes de que un camarero vuelva a dirigirle la mirada. Cuando ello ocurre, saca con destreza su "desafortunado" billete de 50 euros del bolsillo y lo presenta a escasos 30 centímetros de las narices del circunspecto camarero, que esta vez era el que le había negado el cambio en la primera ocasión, hacía ya más de 15 minutos. Tiene suerte, se apiada de él, toma el billete y le devuelve el cambio con rapidez.

Carlos nunca se había alegrado tanto de ver una moneda de 50 céntimos en sus manos. Había recibido no solamente una, sino que disponía de tres maravillosos ejemplares acompañados de una corte no menos bella compuesta por varias piezas acuñadas de 10 y 20 céntimos de euro.

Y ahora se enfrenta a la gran pregunta: ¿estará su madre en casa o habrá salido? El autor que escribe estas líneas ha decidido no recrearse excesivamente en el sufrimiento del pobre Carlos y retrasa la salida al supermercado de doña Mercedes para que pueda atender la llamada de su hijo:

— Mamá, por favor, necesito que me ayudes. No encuentro el papel en el que tenía apuntada la dirección de la entrevista.

— Hijo mío… hijo mío… no sé dónde tienes la cabeza. Por fin puedo hablar contigo. Llevo toda la mañana llamándote al móvil, te he dejado varios mensajes.

— Es que me he quedado sin batería y por eso te llamo desde una cabina.

— Claro, e imagino que ni siquiera te has llevado el cargador, sería ya demasiado prevenir… Ay Carlos, Carlos… tienen que pasarte tantas cosas todavía…

— Venga, mamá, deja de darme el sermón y ayúdame, que ya he tenido bastante con el taxista que intentaba ejercer de padre.

— Pues te has dejado el papel encima de la mesa del salón y menos mal que me ha dado por leerlo y no tirarlo a la basura, porque está más que arrugado. ¿Tienes algo para apuntar?

El autor se apiada una vez más de Carlos y mete en el bolsillo del pantalón un bolígrafo antes de que lo empiece a buscar. No lo había traído consigo, también lo había olvidado, pero no vamos a arruinar más su ya calamitosa mañana:

— Sí, mamá, pues claro que tengo algo para escribir, no soy tan desastroso como piensas. Podrías confiar un poco más en mí algunas veces…

— Mira, la primera entrevista es a las 10.15 horas. La empresa se llama Primera Oportunidad, y está en la calle Puntualidad 25. La persona por la que tienes que preguntar se llama don Sillegastarde Tenteras y su número de teléfono es 999567893. La segunda entrevista…

— Gracias, mamá, luego te llamo para que me des los datos de las otras citas, no quiero llegar tarde. ¡Adiós! —interrumpe a su madre casi colgándole el teléfono y terminando de tomar notas en la palma de su mano, porque, claro está, no dispone de un trozo de papel sobre el que apuntar nada.

Nada más colgar corre apresurado buscando un taxi cual poseso por fuerzas malignas del ultramundo y, tras unos segundos añadidos de desconcierto, aparece lo que a sus ojos es una mágica luz verde cabalgando majestuosamente sobre un imponente Seat Toledo. "Estoy a salvo" piensa mientras se lanza a toda pastilla sobre el asiento trasero del coche vociferando entre jadeos la dirección al atónito conductor.

Pero como las desgracias no vienen solas, la expresión del taxista se torna iracunda con rapidez mientras explica que su destino se encuentra a 50 metros caminando por la misma acera por la que ha venido.

Carlos no sabe qué hacer o decir, desde que se bajó del tren todo lo que le ha ocurrido le parece surrealista. Pide disculpas en voz baja y se apea del vehículo mientras se hace impermeable a los alaridos crecientes del malhumorado conductor: "gamberro, más que gamberro, que somos muchos los que nos ganamos la vida de forma decente y no tenemos que soportar a niñatos como tú" vocifera el taxista mientras arranca el coche sin casi dejar que la puerta se haya cerrado.

Tras caminar cabizbajo los 50 metros hacia lo que ya piensa que será su propio patíbulo, mira el reloj y comprueba que son las 10:30 de la mañana. Levanta la vista mientras experimenta un cierto alivio y respira profundamente con sonrisa de medio lado porque "sólo" llega con 15 minutos de retraso. "No es tanto", se consuela, "si tenemos en cuenta todo lo ocurrido. Además, en este tipo de grandes ciudades, ya me dijo un amigo que se consideran minutos de cortesía porque está más que aceptado que todo el mundo siempre llega tarde".

Sube por el ascensor a la planta número 7 y atraviesa el umbral de una elegante puerta de cristales, momento en el cual siente que ha empezado de verdad este partido. Acaba de llegar a PRIMERA OPORTUNIDAD.

Se dirige al mostrador de la entrada, donde una joven atractiva y engalanada con unos modernos auriculares lo recibe de manera muy educada:

— Buenos días, ¿qué desea? —expresa la joven con una cálida sonrisa.
— Hola, buenos días —responde Carlos intentando disimular sin éxito la atracción que le ha despertado la chica—. Tengo una entrevista de trabajo con el señor Sillegastarde Tenteras.
— ¿Cuál es su nombre, por favor? —pregunta ella de manera muy profesional, como si no hubiera notado nada.
— Me llamo Carlos, Carlos López.
— Puede sentarse ahí enfrente, si es tan amable, señor López. Voy a anunciar que ha llegado.
— Gracias —responde con gesto tímido sin poder casi apartar la mirada sobre ella.

Carlos observa cómo la chica conversa por teléfono y que de repente baja la voz con un gesto contrariado. A los pocos segundos finaliza la llamada e inmediatamente le pide a Carlos que se acerque:

— Señor López, don Sillegastarde me comenta que lleva 20 minutos esperándole y que no tiene constancia de que usted haya avisado comunicando su retraso. Había quedado a las 10:15, ¿es correcto?

— Sí, sí, es correcto, pero es que he venido desde muy lejos, perdí el papel con la dirección, me quedé sin batería en el móvil...

— Lo siento, señor López, pero el señor Tenteras me dice que tenía reservados 20 minutos para usted, que ya han pasado y que ahora debe meterse en otra reunión, que no le es posible atenderle.

— ¿Y no puede atenderme luego? Yo puedo esperar...

— Lo siento mucho, pero don Tenteras tiene todo el día ocupado y no podrá recibirle.

— Pero he viajado esta mañana 300 kilómetros sólo para esto, no puedo irme sin más.

— Lo siento, señor López, no puedo hacer más por usted. Si me disculpa, me está entrando una llamada y debo atenderla.

"¿Qué hago ahora?", se lamenta nuestro joven, "¿qué le voy a decir a mi madre? Bueno, seguro que me entiende, realmente es injusto lo que me ha ocurrido. Pensándolo mejor, ahora soy yo el que no quiere trabajar en este sitio, menos mal que ni siquiera he entrado. De buena me he librado... ¡he evitado entrar en un infierno!". Y con estos pensamientos va bajando entusiasmado las escaleras para abandonar el edificio lo antes posible y recobrar la libertad que considera que había estado a punto de perder.

Carlos tiene otras dos entrevistas que realizar este mismo día. No recuerda las horas ni las direcciones; pero está tranquilo porque sí que se había asegurado de constatar que tenía tiempo suficiente entre unas y otras.

No quiere llamar a su madre para evitar que le pregunte por esta primera prueba no superada. Pero también sabe que debe telefonearla porque ella está esperando intranquila para facilitarle los detalles de las dos reuniones siguientes.

En estos momentos, para no hacer sufrir a doña Mercedes más de lo necesario, el autor de esta obra crea un cibercafé justo delante de las narices de Carlos. Éste, al ver la posibilidad de conectarse a Internet, enciende una de sus bombillas y se ilumina con la idea de consultar en su correo electrónico los detalles de las dos entrevistas que tiene pendientes.

En menos de diez minutos tiene anotado todo lo que necesita. También ha confirmado para su tranquilidad que la siguiente cita es a las 13.00 hrs. y la otra a las 16.00 hrs. Además, ha consultado en un callejero *online* la ubicación y comprueba que esta vez sí que necesita un vehículo para desplazarse.

"Bueno, todo está controlado. Son las 11.30 y mi siguiente entrevista es a la una. Tengo tiempo para tomar un café tranquilo, llamar a mi madre y hacerlo todo con suficiente antelación", piensa mientras vislumbra una cafetería que percibe como un oasis en este inesperado desierto.

Toma asiento en una mesa interior pegada a un enorme cristal desde el que puede ser espectador de lo que acontece en la calle.

Pide un café cargado, con unas gotitas de leche. Mientras espera, aprovecha y se levanta haciendo señas al camarero para indicarle que no abandona el local, sino que sólo se dirige al teléfono público ubicado junto al mostrador:

— ¿Mamá? Soy yo, Carlos.

— Hijo mío, me tenías preocupada. ¿Qué tal te ha ido?

— Bien, mamá, ya te cuento cuando vuelva a casa. Te aseguro que estoy aprendiendo mucho. Además, para que veas que sé buscarme la vida, ya tengo los datos de las otras dos entrevistas. He ido a un cibercafé y los he bajado desde mi correo electrónico. Así que no te preocupes, tengo todo controlado.

— Bueno, pues entonces me quedo más tranquila, ya me cuentas luego. Voy a salir ahora, pero estaré de vuelta sobre la una y media.

— Vale, mamá, no te preocupes por nada más, te llamo desde la estación antes de subirme al tren. Tengo el billete para las siete. Si no estuvieras en casa te dejaría un mensaje en el buzón de voz.

— Un beso, mi amor, que tengas mucha suerte.

— Gracias, mamá, te llevaré buenas noticias, confía en mí.

A las doce en punto, sale de la cafetería y busca un taxi que aparece en menos de un minuto. "Vaya, parece que el día se va despejando. A ver si la buena suerte hace acto de presencia y empieza a ocurrirme lo que me merezco", pensaba de manera muy animada.

Se introduce en un espacioso y confortable Mercedes, lo cual le ayuda a imaginar augurios favorables, y da instrucciones sobre su próximo destino:

— A la calle Vestimenta 10, por favor —indica con mucha decisión.

— En seguida, caballero, estaremos allí en unos 15 minutos.

— Perfecto, muchas gracias.

Nuestro joven protagonista va disfrutando del recorrido, se

encuentra más sereno, asentado y confiado.

Se detienen justo delante del número 10 de la calle Vestimenta. Paga el importe de la carrera, baja con brío del automóvil y se mantiene quieto y erguido en mitad de la acera contemplando con cierto aire desafiante y autosuficiente todo lo que le rodea. Como dispone de margen, piensa durante unos segundos si le puede sentar bien dar un paseo, pero decide finalmente entrar, no está dispuesto a arriesgar nada esta vez. Busca en el elegante directorio que se despliega junto al ascensor y allí encuentra lo que busca: una placa que dice SEGUNDA OPORTUNIDAD, en la planta 5.

Se introduce en el ascensor, pulsa el botón con el número 5, y en diez segundos ya visualiza su destino, la luminosa y distinguida entrada de SEGUNDA OPORTUNIDAD. Se acerca al mostrador y le atiende un joven educado y de buena presencia:

— Buenos días —saluda Carlos con la mejor de sus sonrisas.

— Buenos días —le responde el recepcionista—, ¿qué desea?

— Vengo a ver a la señora Elegancia Situacional.

— Ah, ¿es usted el que viene a reparar el aire acondicionado de su despacho? Menos mal que ha venido, porque dentro de poco empieza el calor y ahí no habrá quien pueda trabajar.

— No —contesta desconcertado—. He venido porque tengo una entrevista de trabajo con ella a las 13.00 horas.

— Ah, disculpe… es que normalmente los candidatos vienen de chaqueta y corbata a la entrevista con doña Elegancia. Al verle en vaqueros y camiseta…

— Son mis vaqueros de la suerte —le interrumpió Carlos—. Con ellos he aprobado los exámenes más difíciles de mi carrera. Así que no he tenido otra alternativa que traerlos para que me sigan dando buena suerte —replica pensando que acaba de dejar impresionado al chico con lo que, a su juicio, ha sido una respuesta contundente.

—Pues lamento informarle de que no es posible hacer la entrevista vestido de esa manera. Son las normas de la empresa… Para puestos de almacén o administrativos no requerimos vestuario determinado, pero viene usted a una entrevista para un puesto de consultor y tengo prohibido dejar pasar a nadie sin la indumentaria apropiada.

—Esto es una broma de cámara oculta, ¿verdad? A mí nadie me ha dicho que tenía que venir de chaqueta y corbata a esta entrevista.

—Lo siento, don Carlos. En esta empresa son muy especiales con la imagen. Es cierto que no es estrictamente necesaria la chaqueta y la corbata, es suficiente con una ropa formal. Pero vaqueros, camiseta y zapatillas de deporte… De todos modos, quizá esté a tiempo de ir a cambiarse, le quedan 25 minutos.

—Es que no vivo aquí, vengo desde muy lejos…

—Ya me gustaría no hacerle pasar este mal trago, pero tengo órdenes explícitas y claras al respecto. No puedo dejarle pasar, lo siento mucho. Me está entrando una llamada, debo atenderla. Espero que le vaya bien.

—Eso espero yo también, que me vaya bien… Adiós y gracias —terminaba diciendo Carlos con el rostro alicaído y voz tímida.

Carlos está conmocionado, en un emergente estado catatónico que le impide pensar con claridad. Sale del edificio y camina deprisa por la calle sin saber dónde dirigirse. Encuentra una zona verde, un parque en el que se adentra buscando refugio a su desasosiego.

"No puede ser, esto no es real, ¿cómo es posible tanta mala suerte concentrada?", se queja amargamente, sentado, con la cabeza entre las piernas, a los pies de un olivo que ejerce de experimentado espectador. Carlos sigue sin comprender el motivo de sus desdichas y culpa al sistema tachándolo de injusto y poco comprensivo con las circunstancias. "Es que ni siquiera me han dado la oportunidad de explicarme", piensa alimentado por la ira y el resentimiento.

— ¿Quieres que te ayude? —escucha Carlos de repente.

Levanta la cabeza sorprendido y no logra percibir la presencia de nadie. Se pone de pie y camina despacio y con cautela dando vueltas alrededor del árbol. Mira hacia las ramas y tampoco observa la presencia de ser humano alguno.

— ¿De verdad que no quieres que te ayude?

"Debo estar volviéndome loco, esto es lo que me faltaba, lo que me faltaba...", musita mientras sale corriendo a toda velocidad de allí.

Son las dos de la tarde. La siguiente entrevista está prevista para las 16.00 hrs. No tiene ganas de comer y la tentación de adelantar el tren de vuelta a casa cada vez es mayor. Por otro lado, no deja de pensar en aquella voz y le cuesta creer que todo había sido fruto de su imaginación. "Era tan real...", pensaba.

Harto de este embrollo mental, se pone a caminar buscando otro taxi que le lleve a la estación de vuelta a casa. Ahora es él el que renuncia a la entrevista, "soy yo el que os va a dejar plantados, ya está bien de tanto abuso", se dice a medida que incrementa la velocidad de su paso.

Al poco tiempo aparece su transporte e indica al conductor que se dirige a la estación de trenes del sur. No han pasado más de 3 minutos cuando siente repentinamente la necesidad de volverlo a intentar, de no darse por vencido. No entiende bien por qué, pero hace caso a su instinto y sentido de la responsabilidad. Solicita cortésmente un cambio de rumbo hacia la calle Preparación 6, donde le espera TERCERA OPORTUNIDAD, su última opción en esta azarosa jornada.

Aunque su cita tiene lugar en una hora, decide subir. Piensa que si no le van a permitir entrar por los pantalones, por llegar demasiado temprano o por cualquier otra majadería, lo mejor es saberlo cuanto antes.

Sube sin vacilar hacia TERCERA OPORTUNIDAD. De nuevo un mostrador y una joven agraciada lo reciben:

— Buenas tardes —saluda Carlos sin entusiasmo, pero con corrección.

— Buenas tardes, ¿qué desea? —contesta la recepcionista.

— Vengo a una entrevista de trabajo con don Sitevendes Tecontrato.

— ¿A qué hora estaba usted citado? En estos momentos todo el mundo está almorzando.

— A las 16.00 horas. He venido con mucho tiempo, y preferiría, si no es molestia, esperar aquí y no estar dando vueltas por el barrio.

— Por supuesto, puede usted ponerse cómodo tranquilamente en esos silloncitos junto a la puerta, no hay inconveniente alguno.

— Muchas gracias... —responde Carlos con tono de cierta reserva—. Perdone que le interrumpa: ¿podré hacer la entrevista con pantalón vaquero? ¿Aquí no piden ropa formal?

— Usted puede acudir a la entrevista vestido como le plazca, no prejuzgamos. Siempre recibimos a todos los candidatos.

— Fenomenal, muchas gracias, me voy a esperar a la salita. Si al señor Sitevendes Tecontrato le viniera bien adelantar nuestro encuentro, dígale, por favor, que estoy disponible.

— De acuerdo, se lo comentaré cuando vuelva.

Carlos toma asiento y comienza a husmear por las revistas que encuentra encima de una mesita baja que reposa a su vera. Pasea por las páginas sin leer, con su mente perdida en ningún pensamiento concreto. Se siente desconcertado con todo lo acontecido desde que bajó del tren esta mañana. No encuentra un hilo lógico a esta historia y le turba desconocer el criterio adecuado para afrontar todas estas situaciones.

Son las 15.45 hrs. y empieza a entrar gente que se reincorpora al trabajo tras la comida. Casi todos saludan, parecen muy corteses, visten elegantes en general. "¿Será éste don Sitevendes Tecontrato?" se preguntaba cada vez que veía a alguien pasar.

A las 16.00 la muchacha de recepción le llama para indicarle que el señor Tecontrato le está esperando en su despacho, al final del pasillo, en la última puerta de la izquierda.

Carlos agradece su amabilidad y camina con aire un tanto despistado y desconfiando hacia donde le han indicado. Le parece mentira poderse entrevistar hoy finalmente con alguien. Empieza a creer en eso de "a la tercera va la vencida…" aunque en el fondo piensa que debe haber gato encerrado, que no puede ser todo tan sencillo, que algo se le escapa.

Llega hasta la puerta indicada, avisa de su presencia con un par de golpes suaves propinados con los nudillos, y escucha:

— ¡Adelante!

Abre la puerta unos centímetros, los justos para introducir su cabeza ladeada:

— Hola, soy Carlos, tengo una entrevista con usted ahora.

— Pase, Carlos, pase, por favor.

Nuestro joven cierra la puerta tras de sí y se adentra en el despacho buscando un lugar en el que cobijarse para que sólo se le vea la cabeza y no mostrar así su indumentaria. Nunca había sentido vergüenza por su atuendo, es más, era algo de lo que le gustaba presumir, hasta ahora…

Su entrevistador le hace gestos para que tome asiento en una de las dos sillas que tiene frente a su mesa. Se pone de pie para darle la mano, Carlos hace lo propio y posteriormente se sienta despacio, con los brazos estirados apoyando las palmas de las manos sobre las rodillas y dejando los hombros caer ligeramente hacia delante. En fin, un cordero pidiendo a voces que lo sacrifiquen rápido y sin dolor:

— Buenas tardes, Carlos, ¿cómo se encuentra?

— Estoy bien, señor, un poco nervioso si le soy sincero.

— Normal, no se preocupe. ¿Es, por causalidad, la primera entrevista que hace? —inquiere Sitevendes mientras baja la mirada reordenando sus papeles.

— No, claro que no, ya he hecho varias desde que terminé mis estudios —responde determinado por puro instinto de supervivencia.

— Bien, bien, señor Carlos, vamos a empezar por el principio: ¿por qué está aquí?

— Pues… no sé… —contesta titubeante y bajando la mirada— supongo que porque estoy buscando trabajo, ¿no?

— Ya veo… Hábleme un poco de usted, ¿qué ha hecho hasta ahora?

— Pues no tengo mucho que contar, la verdad. Terminé empresariales hace unos meses y me puse a echar currículos para buscar trabajo. En eso estoy...

— ¿Eso es todo? ¿No hay nada más que deba saber sobre usted? —replica el entrevistador con gesto sorprendido.

— No sé qué más puedo contarle, no se me ocurre nada, — responde Carlos con cara de mayor sorpresa aún.

— ¿Y qué cree usted que puede aportar su presencia en una empresa como TERCERA OPORTUNIDAD?

— Pues la verdad es que no sé... eso supongo que me lo dirán ustedes, ¿no?

— Es una forma de verlo... —responde el entrevistador en voz baja mientras se acaricia la barbilla con gesto pensativo—. ¿Cree usted que tiene alguna cualidad que le hace especial para esta empresa?

— Hombre, especial es una palabra muy fuerte. Supongo que todos somos especiales. Nunca había pensado si tenía algo de especial para ustedes...

— Bien, señor Carlos, creo que usted mismo se habrá dado cuenta de que no tiene mucho sentido continuar la entrevista.

— ¿Por qué me dice eso? ¿No ha visto mis notas de la carrera?

— Sí que las he visto. Pero usted no tiene una idea clara de por qué esta aquí, no sabe qué decirme sobre usted, no sabe qué puede aportar a esta empresa ni qué tiene de especial. ¿Le parecen pocas razones? Le hago un favor terminando ahora y confirmándole que no le vamos a llamar para otras pruebas. Le agradezco su tiempo, que tenga suerte.

— Pues nada, ustedes se lo pierden, ya he tenido suficiente por hoy —termina Carlos malhumorado y desafiante mientras se levanta de la silla girando reiteradamente la cabeza de derecha a izquierda buscando dejar atrás aquella opresiva habitación.

Sale del despacho sin despedirse y dejando la puerta abierta.

Zapatea a toda prisa por el pasillo que se convierte en una improvisada lanzadera espacial, dice adiós sin mirar a la recepcionista y se difumina escaleras abajo como si hubieran declarado un incendio en el edificio.

A medida que desciende pisos se siente poderosamente aliviado y aumenta las ansias de la libertad que espera recuperar en los extramuros.

Salta los últimos escalones cual grácil gacela y hace un *sprint* final que frena en seco en mitad de la acera para sorpresa de los viandantes. Cierta euforia se ha apoderado de él. Es una reacción del ego, que se defiende como puede de todos los ataques recibidos durante el día.

Ya estás a salvo y en libertad, joven Carlos, ¿qué vas a hacer ahora?

Tiene que esperar casi tres horas hasta su tren de vuelta a casa. Puede intentar adelantar el billete, pero sabe perfectamente lo que va a hacer, aunque desconoce la razón de ello. Un impulso irrefrenable le obliga a volver al parque, junto al anciano olivo. No ha olvidado lo ocurrido allí, fue todo demasiado real. Carlos había sido hipnotizado por una voz imantada que le atraía de manera irresistible. Había experimentado el poder de algo desconocido, que al principio le desconcertó e intentó negarlo, pero que con el paso del tiempo fue haciéndose poderoso en su mente. Tiene que volver allí, es todo lo que piensa.

Llega a la entrada de aquella enorme zona verde en pocos minutos. Camina a paso apresurado hacia el escondido olivo, con entusiasmo y sin vacilación. "Allí está", se decía exultante, como el que hubiera descubierto un tesoro perdido:

— Sabía que vendrías. No corras, tenemos tiempo de sobra —se manifiesta la misma voz de antes, embaucadora y desconocida.

Carlos vuelve a sentirse presa de un estupor que le deja paralizado a pocos metros del árbol. "Esto no puede ser verdad, debo estar sufriendo alucinaciones. Algo me pusieron en la leche que tomé en el tren, porque todo lo que me está pasando hoy excede incluso los límites de lo surrealista", se dice con la vista clavada en el vetusto árbol, en cuclillas, tocando tierra con una mano y pellizcándose la cara con la otra, para asegurarse de que todo aquello no pertenece a un sueño o lo que sería peor, a una broma pesada:

— Vamos, salid de ahí, sé que estáis jugando conmigo, esto no tiene gracia —grita desesperado alertando a un vigilante de seguridad que acude en su auxilio.

— ¿Está usted bien?

— Sí, sí, me encuentro fenomenal, muchas gracias, estoy hablando solo, no se preocupe —responde Carlos sintiendo una vergüenza indescriptible—. Soy actor de teatro y ensayaba mi próxima función —continúa explicando mientras le invade una sensación placentera por haber encontrado una respuesta exitosa que le permite salir airoso de la situación. No puede explicarle la verdad al guarda de seguridad, eso lo tiene claro.

— De acuerdo, ¡espero que tenga suerte!

"Vaya, esto quizá esté llegando demasiado lejos" se reprocha Carlos tras el incidente.

— ¡Ja, ja, ja! —resuena una carcajada con voz cavernosa que proviene claramente del interior del anciano árbol para total desconcierto de Carlos.

—No le veo la gracia, si estuvieras en mi lugar te darías cuenta de que la situación es de todo menos divertida —contesta Carlos que, sin darse cuenta, había entrado de lleno en la conversación con el olivo.

—He espantado a muchos en los últimos 2.000 años, ¡ja, ja, ja! —continúa en tono jocoso el olivo—, y pocos son los que se atreven a volver y muchos menos lo que se ponen a hablar conmigo. Tú estás aquí, ¿qué te ha hecho venir?

—No lo sé, aunque te pido, por favor, que no te burles de mí, que ya se han aprovechado hoy bastante y no estoy dispuesto a tolerar más abusos por parte de nadie —demanda en tono amenazante Carlos señalando al árbol con inquina mediante el tembloroso dedo índice de su mano derecha.

—No me burlo de ti, hombre, sólo te invito a que te rías un poco de ti mismo, que creo que buena falta te hace hoy —replica el olivo.

—No sé, quizá tengas razón, me estoy tomando todo esto muy en serio y debería digerirlo con un poco más de sentido del humor. Desde luego, lo que me ha pasado es para partirse de risa si lo miras desde fuera.

—Así es, mi bienvenido amigo. Mirarse desde fuera supone contemplar lo que está siendo evidente para los otros. Si se ríen es que les estamos dando un motivo para ello. Qué difícil les resulta a los humanos ser espectadores de sus propios comportamientos. Os veis envueltos en discusiones baldías con una facilidad asombrosa.

—Para ti es muy fácil decir estas cosas porque no tienes que hacer nada para salir adelante, tú simplemente estás. Si tienes alimento y condiciones apropiadas, vives, y si no, te mueres sin poder hacer nada para cambiar las circunstancias ni convencer a nadie para que te eche agua o abone el terreno.

—Con qué ligereza hablas de aquello de lo que no sabes. ¿Me

restas méritos sólo porque no soy como tú? ¿De verdad crees que no tengo ningún margen para decidir mi propio destino? ¿Crees que he sobrevivido 2.000 años sólo por azar?

— No te enfades, yo no quería ofenderte —aclara Carlos con un sincero tono de disculpas.

— No te preocupes, no me siento agraviado. Eres tú el que deberías indignarte contigo mismo. Si te escuchas con atención comprobarás la endeblez de tus planteamientos y lo ridículo que suenas.

— Hombre, yo no tengo 2.000 años de experiencia. Sólo tengo 23.

— Con 23 años ya había yo producido aceitunas para alimentar a miles de personas, así que no me digas que sólo tienes 23 años porque ya has tenido tiempo suficiente para ser útil y para comprender de qué va vuestro mundo. ¿Cuántos años crees que te quedan de vida? ¿1.500?

— ¿Ya estás pensando en mi muerte? Todavía me queda mucho.

— ¿Sí? ¿Cuánto?

— Yo espero llegar por lo menos a los 96 años...

— Pues eso significa que te quedan 72 años de vida. Te puede parecer mucho, pero ya has consumido una cuarta parte del depósito, y la aguja continúa bajando. Nunca va a subir de nivel, y no deja de descender aunque te pares. Estás dentro de un coche en el que no puedes quitar la llave de contacto, el motor siempre está en marcha y consumiendo combustible, aunque no avance. Tienes la posibilidad de decidir que cada litro de gasolina te ayude a hacer camino o, por el contrario, consumir el combustible en balde, sin avanzar ni un solo metro.

— Vaya, nunca me lo había planteado así, ¡qué angustia! ¡no me agobies!

—Eso funciona igual para cualquier ser vivo. Todos nacemos con un bidón de combustible dentro de nosotros, un tiempo máximo de vida. ¿Qué has hecho tú con tus primeros 23 litros?

—No sé... yo qué sé, deja de hacerme preguntas complicadas. Eres igual que un imbécil que me acribilló a preguntas estúpidas hace un rato: ¿por qué estás aquí?, ¿en qué eres especial?... y demás bobadas en las que nadie piensa.

—Ya estás extrapolando tu mundo al de los demás. Sí que hay gente que piensa, y mucho, en esas cosas.

—Pues yo no dedico mi valioso tiempo a esas chorradas: por qué, para qué, quién soy, dónde voy... ¡pamplinas!

—Mi joven amigo, qué lejos estás del triunfo. En primer lugar, porque no sabes lo que quieres; entonces, cualquier cosa que consigas simplemente la poseerás, pero no entenderás el valor que tiene o el papel que desempeña en tu trayecto. En segundo lugar, porque cuando uno no sabe lo que quiere es difícil conseguir resultados extraordinarios ya que no concentra sus energías en nada concreto. Y con resultados pobres o mediocres no puedes esperar un reconocimiento excepcional.

—Pero es que con 23 años es difícil saber lo que uno quiere.

—Ese es un grave problema de nuestro tiempo. Hace un siglo, un hombre de 23 años era ya un individuo maduro. Hoy, con 23 primaveras a vuestras espaldas, la mayoría sois niños o adolescentes. La esperanza de vida está aumentando y también parece que se dilata la edad de maduración de las personas.

—Yo creo que somos productos de nuestro tiempo, y eso no es positivo ni negativo, es una realidad a la que hay que adaptarse —replica Carlos intentando demostrar que él también es capaz de pensar de manera transcendental si se lo propone.

— Me gusta tu apreciación, pero me parece que la estás usando para justificar tu situación actual, conformarte y no hacer nada para cambiar —comenta hiriente el olivo.

— Qué duro eres conmigo.

— Cuéntame qué te ha pasado hoy, a ver quién es más duro, la realidad del mercado o yo… —comenta el olivo en el ánimo de entrar en materia y provocar en Carlos una reflexión constructiva sobre lo ocurrido en el día.

Carlos desconecta de la situación, se toma un respiro y camina apresurado y sin rumbo mientras se frota el rostro. "¿Qué estoy haciendo?" se pregunta incesantemente, "esto es una locura, no sé ni la hora que es". Mira su reloj y piensa que se ha estropeado. Justo cuando llegó junto al árbol, en un acto reflejo, miró la hora y eran las 16.30. No es posible que, después del tiempo que llevaba allí, el reloj marcara de nuevo las 16.30. "Vaya, ahora se me estropea el reloj. No sé cuánto tiempo llevo aquí hablando solo", piensa Carlos abordado por una sensación incómoda de aturdimiento.

Mientras se está preguntando qué hora es, aparece por allí otro guarda de seguridad haciendo la ronda:

— Por favor, ¿puede decirme la hora? —pregunta Carlos con el mismo tono y expresión del que despierta sobresaltado tras haberse quedado dormido en una tumbona de playa.

— Por supuesto, son las cuatro y media —responde sonriente el guarda.

— No puede ser… ¿está seguro?

— Sí, claro, acabo de comenzar mi turno, así que estoy súper seguro. Nunca empiezo antes o después, siempre a mi hora, que es también el momento en el que relevo a mi compañero.

—No es posible... tienen que ser por lo menos las cinco — objeta Carlos titubeante.

— Pues le puedo asegurar que son las cuatro y media de la tarde.

Carlos vuelve al olivo y golpea su tronco con furia mientras le pregunta:

— ¿Qué está ocurriendo? ¿Qué clase de broma es ésta? ¿Quién te crees que eres?

El olivo no contesta, y Carlos aprovecha para intentar poner un poco de orden en su cabeza mientras da vueltas alrededor del ahora inexpresivo árbol. Comprueba también que el reloj no se ha estropeado, que sigue funcionando y marca ahora las 4 y 35 minutos. "No sé... no sé... seguro que todo esto tiene una explicación lógica..." piensa Carlos cuando, de repente:

— Qué susto te has llevado, ¿eh? —comenta el olivo irónico y burlón.

— ¿Qué es esto? ¿Quién eres? ¿Qué quieres? —pregunta Carlos más desbarajustado que nunca, aunque de nuevo inmerso involuntariamente en la conversación con el olivo.

— Bueno, por fin me has preguntado algo relevante. Soy alguien que puede ayudarte a encontrar tu camino en la vida.

— Claro, claro, y yo soy el "pequeño saltamontes". Vamos, deja de decir majaderías.

— Entiendo tu desconcierto, pero no puedo decirte otra cosa. Esto que estás viviendo es real, no soy fruto de tu imaginación ni te estoy tomando a chacota.

— Bueno, no sé qué pensar, la verdad —comenta Carlos, con tono resignado y confiado a la vez—. Por cierto, imagino que tendrás un nombre, ¿no?

— Puedes llamarme de la manera que quieras, mi nombre no es

algo significativo en sí mismo. Bautízame de modo que tenga sentido para ti.

— Uummmmmm... déjame que piense... ¡Ya está! Te llamaré Criterio.

— ¿Criterio? ¿Por qué?

— Porque eso es lo primero que me ha venido a la cabeza después de conversar contigo, veo que tienes criterio para exponer tus pensamientos. Además, es lo que mi madre siempre me dice que me hace falta, criterio para todo.

— Y tú, ¿cómo te llamas? Que supongo que también tendrás un nombre... —inquiere el olivo aparentando cierta necesidad de resarcirse.

— Me llamo Carlos, yo sí que tengo un nombre; aunque tú también puedes llamarme como mejor te venga. Quizá sea incluso lo más conveniente para mí, olvidarme hasta de mi nombre y empezar con una identidad renovada.

— Pues te llamaré Pithecus.

— ¿Pithecus? Qué quieres decir con eso, ¿cuál es el sentido?

— Mi joven amigo, eres como un hombre primitivo que necesita evolucionar para adaptarse al medio. Tienes el mismo desconcierto frente al mundo empresarial que tendría un Australopithecus transportado a la 5ª Avenida de Nueva York. Por eso tiene sentido para mí llamarte Pithecus, porque eres un ser puro, sin contaminar, que no debe perder su esencia, pero sí adaptarse a las nuevas circunstancias para sobrevivir.

Pero, de nuevo, en un rebrote de realismo y pánico situacional, Carlos vuelve a alejarse del árbol repentinamente. Mira el reloj y marca las 16.35, no se ha movido. "Esto es una locura, han pasado por lo menos diez minutos y el reloj no se ha vuelto a mover desde que empecé a hablar con el dichoso olivo, esto no tiene sentido, no puede estar ocurriéndome a mí" piensa mientras camina a paso ligero buscando refugio en otras personas:

—¿Tiene hora, por favor? —pregunta a un viandante que encuentra a su paso.

— Claro, cómo no. Son las cinco menos veinticinco.

— Gracias, muchas gracias —contesta casi sin detenerse.

—¿Tiene hora, por favor? —vuelve a preguntar a una chica que se sobresalta ante la impulsividad casi descontrolada que muestra nuestro angustiado protagonista.

— Sí, sí… claro… son las cinco menos veinticinco —contesta la joven rezumando cierto temor.

Carlos vuelve al árbol de manera decidida. Acepta el juego, no lo piensa cuestionar más, cree firmemente que lo que está ocurriendo es real y comienza a hablar con Criterio sin vacilación:

—Vale, tú ganas, te creo. Estoy hablando con un árbol de 2.000 años en el que el tiempo se detiene. Esto es perfectamente normal y a cualquiera le podría suceder —expresa con tono de incredulidad y sarcasmo—. Seguro que hay mucha gente a la que le pasa lo mismo, pero no lo cuenta.

— Sé positivo, piensa que conmigo tampoco estás perdiendo el tiempo…

— Vaya, veo que también, además de criterio, tienes sentido del humor.

— En 2.000 años da tiempo a desarrollar muchas cualidades, mi joven amigo.

— Bueno, pero tienes que reconocer que no resulta nada sencillo ponerse a hablar con un olivo así porque sí…

— Efectivamente, la mayoría salen corriendo en cuanto me escuchan hablar. Los seres humanos sois especialistas en negaros todo aquello que os parece fuera de lugar o que suene a raro. Pero estoy convencido de que lo hacéis en parte para protegeros de las críticas de vuestro propio vecino, "por aquello del qué dirán", como escucho en tantas ocasiones. Si estuvierais solos en una isla desierta, sin tener que dar explicaciones a nadie, seguro que tendríais menos resistencia a dejaros llevar por situaciones aparentemente disparatadas, como la que estás viviendo tú ahora.

— Ya, pero es que esto es irracional para un ser humano. Hay quienes dicen que hablan con sus perros y que sus caballos les entienden y les dicen cosas. Yo eso podría llegar a creerlo con un poco de esfuerzo, pero ponerse a hablar con un árbol...

— Supongo que no, que no debe resultar sencillo hacerlo. De hecho, en mis 2.000 años de existencia, este olivo con el que hablas ha intentado establecer contacto con miles de personas, pero sólo he conseguido dialogar con dos. Una de ellas eres tú.

— ¿Y quién es la otra?

— Lo sabrás a su debido tiempo, es pronto aún para desvelártelo.

— Tengo una duda: si sólo has hablado con dos personas y yo soy una de ellas, ¿qué voy a aprender contigo? Tienes poca experiencia tratando con humanos, así que no creo que conozcas mucho cómo funcionamos.

— Excelente observación. Mira, no podría ni enumerarte la cantidad de conversaciones en las que he sido testigo mudo, las cosas que he oído, ni te lo imaginas... Llevo 2.000 años escuchando a los humanos hablar de sus intereses, sus preocupaciones, miedos, culpas, deseos de venganza, ilusiones y frustraciones. Y mi interés por escuchar me ha hecho entender las reglas básicas que rigen el mundo en el que vives.

— ¿No te parece prepotente atreverte a sacar conclusiones sobre las reglas que rigen las relaciones entre los seres humanos, cuando tú eres un árbol?

—Precisamente por no tener nada que ver con vosotros, mi observación tiene un valor especial, porque no está contaminada ni tengo interés alguno. Describo lo que veo, sin vuestros condicionamientos. Tampoco pretendo tener razón. Sólo te aportaré la opinión de un observador externo sin emitir juicios de valor. Las reglas que operan en vuestras relaciones están ahí, son leyes no escritas que cuando las seguís, todo marcha sobre ruedas; pero cuando las contravenís no obtenéis los resultados esperados. Así que tengo reglas para todo después de 2.000 años tomando muestras, formulando leyes y contrastándolas.

—Ya me parecía a mí que tú sabes mucho, te veo muy seguro de lo que dices.

—Tienes razón, pero no tiene mayor mérito que mi capacidad para escuchar y mi interés por entender. Además, tengo todo el tiempo del mundo... Casi no tengo otra cosa que hacer. También observo a las ardillas, las hormigas o las palomas, pero no son tan complejas ni interesantes para mí como los seres humanos. Sois fascinantes.

—Vaya, te agradezco el cumplido. Es un alivio saber que me consideras más que a una hormiga.

—Sí, pero eso no quiere decir que siempre os comportéis con más inteligencia que ellas... Bueno, tienes que marcharte — interrumpe Criterio dando por terminada la conversación.

—¿Cómo?, ¿que tengo que irme?, ¿ahora que había empezado a coger confianza contigo?

—Sí, tienes que marcharte ya, hemos tenido suficiente por hoy.

—Yo vivo muy lejos de aquí, no puedo venir a hablar contigo cuando lo necesite.

—No te preocupes, eso tiene solución. Haremos una cosa: te

podrás llevar una ramita, una parte de mí. Estarás en contacto conmigo a través de ella. Pero sólo podrás utilizarla al finalizar el día, antes de irte a dormir.

— ¿Eso quiere decir que podré hablar contigo todos los días?

— Efectivamente, podremos hablar todas las noches que quieras. Pero te advierto que la comunicación se cortará y perderás definitivamente el contacto conmigo si decides hacer uso de un privilegio que te concedo: podrás volver a vivir de nuevo las últimas 24 horas cuando lo decidas. Bastará con decir en voz alta las palabras mágicas "Adiós Criterio, quiero un día más" y a continuación romper la ramita que te lleves de aquí. Sólo podrás hacerlo una vez y pasarás nuevamente por ese día recordando además todo lo ocurrido hasta el momento. Así podrás corregir aquellas decisiones y comportamientos que te parezcan convenientes. Pero, eso sí, si haces uso de esta prebenda, te recuerdo que ya no podrás hablar conmigo nunca más. Cada día te verás en la difícil disyuntiva de decidir qué vas a hacer. Y te adelanto que no siempre te resultará sencillo vivir con estos dones. ¿Qué decides?

— Ahora mismo no soy capaz de entender todas las consecuencias que tiene para mí aceptar el reto que me propones. Pero supongo que debo aceptar y que iré entendiendo poco a poco qué hacer con todo lo que me concedes.

— ¿Qué te dice tu corazón?

— Tengo la sensación de que debo decirte Sí, que me entregas un cuchillo que puedo usar de diferentes formas, para construir o destruir. Es fácil cortarse y hay que tener siempre cuidado, pero no hay dudas de que uno tiene más posibilidades de hacer cosas con él que sin él.

— Me gusta el ejemplo y veo que has entendido muy bien lo que tienes entre manos. Bueno, ¿qué decides?

—¿Qué rama quieres que te quite? Es para no hacerte daño.

—Cierra los ojos y junta las manos como si fueras a coger agua, yo te dejaré caer la rama.

Carlos cierra los ojos, junta sus manos y percibe que algo se deposita sobre ellas. Abre los ojos y comprueba que tiene una ramita de olivo:

—Qué misterioso eres, Criterio. Además, creo que disfrutas soberanamente con ello.

—Eso es cierto, amigo Pithecus, aunque también pienso que tú te sientes ahora muy especial por tener esta relación conmigo.

—Qué arrogante…

—No es soberbia, te expreso lo que he percibido. Ves como los humanos enseguida os ponéis a la defensiva. No me parece que, bien entendido, sea una ofensa decirte que te sientes especial por estar conmigo. Eso no te quita méritos ni poder, y tampoco me los proporciona a mí. Si es verdad lo que digo, bastaría con que reconocieras mi capacidad para interpretarte y me dijeras que te agrada el hecho de sentirte comprendido.

—Bueno, supongo que debería ser así y que tengo mucho que aprender de ti. A fin de cuentas me llevas 1.976 años de ventaja, abuelete…

—Anda, deja al abuelete descansar un poco, que hablar contigo me consume muchas energías. Charlamos esta noche si quieres.

—De acuerdo, me marcho. Gracias por todo. ¿Puedo darte un abrazo?

—¡Pues claro que sí! Anda, ven aquí y dame un abrazo fuerte, que yo también lo necesito.

Carlos, tras extender sus brazos durante unos segundos sobre el tronco inabarcable del viejo olivo, se aleja lentamente sin dejar de mirar atrás y moviendo su mano derecha en señal de despedida.

Son las 16.35 horas y su tren sale a las siete. Decide caminar hasta la estación. Pregunta a un viandante cómo llegar a la misma y éste le responde que está a una hora de camino. Le da las primeras indicaciones y le advierte que lo mejor es que siga preguntando a otras personas cuando le surjan dudas.

Inicia su caminata. Está sereno. Sabe que algo importante le ha ocurrido hoy, que no ha sido un día cualquiera, que su vida no será igual de ahora en adelante.

Decide olvidarse un poco de lo acontecido y se dedica a explorar la ciudad y entretenerse observando sus gentes y sus rincones. Todo parece menos bullicioso que cuando llegó. La ciudad le resulta más alegre y acogedora.

Llega a la estación de trenes. Debe esperar todavía una hora, así que compra un refresco y decide hacer tiempo en la nutrida librería de la que goza la estación. "Vaya, hay libros para todos los gustos y colores. Ya estaría bien que alguno me explicara qué puedo hacer para que me vaya mejor en la vida...", piensa mientras sus ojos recorren con avidez los atractivos y lucidos estantes.

Finalmente no compra nada, se da cuenta de que ahora no tiene ganas de leer, que prefiere pegar la cabeza a la ventanilla del tren y dejar pasar el tiempo.

El viaje transcurre plácido y sin contratiempos. Mientras camina hacia su casa, cae en la cuenta de que no ha telefoneado a su madre y acelera el paso sabiendo que estará preocupada.

Nada más abrir la puerta, doña Mercedes se aproxima nerviosa abrazándolo con fuerza y descargando la tensión que tenía acumulada al no tener noticias de su hijo desde hacía tantas horas:

— Hijo mío, pensaba que te había ocurrido algo.

— Lo siento, mamá, dije que te llamaría y me he despistado, me siento fatal por haberte hecho sufrir.

— No te preocupes, lo importante es que ya estás aquí. Anda, date una ducha y ahora me cuentas durante la cena.

Sube las escaleras hacia el dormitorio sin saber todavía qué le va a contar a su madre. Piensa que debería decirle la verdad sobre lo acontecido en las entrevistas; pero su encuentro con el anciano olivo es algo que no sabe cómo afrontar. Al salir del baño, mientras se pone el pijama para estar cómodo, llega repentinamente al convencimiento de que su relación con Criterio debe ser un secreto, incluso con su madre.

— Anda, cuéntame cómo te ha ido el día —comenta doña Mercedes mientras sirve agua en los vasos de ambos.

— Bueno... podría haber ido mejor. No ha sido todo como yo esperaba, la verdad. La gente es bastante maleducada y no comprenden que, cuando uno recorre 300 kilómetros para ir a una reunión, es normal que pueda llegar un poco tarde. Y que si piden chaqueta y corbata deberían avisarlo previamente porque no puedo volver a cambiarme a mi casa en un periquete, tal y como podría hacer otro candidato que viviera en la ciudad. En fin, un sistema bastante injusto.

— ¿Injusto? ¿Qué ha ocurrido?

— Pues que fui a PRIMERA OPORTUNIDAD y no me dejaron hacer la entrevista sólo por llegar con 15 minutos de retraso. Fui a SEGUNDA OPORTUNIDAD y tampoco me entrevistaron porque mi ropa era demasiado informal para ellos. Y en TERCERA OPORTUNIDAD sí que, por fin, me pude entrevistar con alguien, pero me despide a los pocos minutos porque no sé responder a unas preguntas absurdas que me parecían fuera de contexto: quién soy, de dónde vengo, dónde voy…. Y ahora, por favor, no me digas que ya lo sabías…

—No voy a decirte nada, creo que debes sacar tus propias conclusiones —doña Mercedes adopta un gesto más serio y continúa hablando—. Me acabo de dar cuenta de que te trato como a un niño y ya eres mayor para andar protegiéndote tanto. Además, estoy cansada de perseguirte para que me escuches. Eso se acabó. Me siento a veces muy sola e impotente porque no sé cómo llegar a ti y eso ya no es justo que lo soporte más. Así que, si quieres saber mi opinión sobre algo, serás tú quien venga a preguntarme. Yo te responderé, porque soy tu madre y porque te quiero, pero no volveré a darte mi opinión sobre lo que haces o no haces sin que me la pidas.

Se hace un silencio incómodo para ambos. Carlos nunca había escuchado a su madre hablarle así. Doña Mercedes bebe agua e intenta no demostrar lo duro que es para ella dirigirse de este modo a su único hijo. Pero sabe que ha hecho lo que debía y tras cada segundo se va sintiendo mejor con ella misma. Tiene miedo a la reacción que pueda tener su hijo, pero eso no le impide ser firme en su postura:

—Carlos, me voy a la cama, hoy también ha sido un día duro para mí.

—Mamá, no te enfades…

—No estoy enfadada, hijo. Lo que me pasa es que me he dado cuenta de que no te hago ningún favor con mi manera de tratarte e intento poner remedio rápidamente. Considero que no sólo es lo mejor para ti, sino que para mí también. Debo empezar a hacer mi vida un poco más independiente. Tengo que aprender a verte y tratarte como al adulto que ya eres, y no como al pequeño Carlitos al que hay que proteger. Hace 10 años que murió tu padre y desde entonces no he dejado de estar pendiente de ti, sólo he vivido para complacerte y acabo de ver luz en el túnel. No es sano para ninguno de los dos tratarte de manera tan pueril. Y ahora me voy a la cama y no porque esté molesta contigo. Estoy disgustada conmigo misma, porque soy yo la responsable de esta situación. Estoy cansada y me duele un poco la cabeza. Te agradecería que recogieras tú la mesa, por favor. Dame un beso y recuerda que te quiero mucho, ¿vale?

— Vale, mamá, vete tranquila a la cama, no te preocupes que ya me encargo yo de recogerlo todo.

Se dan un tierno beso y doña Mercedes sube apresurada las escaleras, con lágrimas en los ojos buscando el refugio de su dormitorio. Llora desconsolada sobre la cama sin poder poner freno a su desasosiego.

Carlos escucha a su madre abatida y no puede evitar tampoco un sentido llanto porque sabe la responsabilidad que tiene en lo ocurrido. Repentinamente cae en la cuenta de que no había sido consciente de todo lo que doña Mercedes había sufrido durante estos años, mientras él no la trataba en absoluto todo lo bien que ella se merecía.

Piensa en subir a pedirle perdón, pero no está acostumbrado a hacerlo. Se justifica argumentando que ella seguro que prefiere estar sola en estos momentos y que es mejor dejarle un poco de espacio para que todo vuelva naturalmente a fluir entre ellos.

Carlos recoge la mesa y deja arreglada la cocina. No sabe si poner la televisión, irse a dormir o qué hacer para apaciguar su inestable estado de ánimo. Al final decide darse un paseo. La noche ofrece una temperatura agradable y le puede venir bien dejarse embriagar por el aire limpio que vaga por su pueblo. Se viste rápidamente, coge la ramita de Criterio, entra en el dormitorio de su madre y le dice con voz tierna que va a dar un paseo, deseándole buenas noches antes de cerrar la puerta.

Comienza a bajar la escalera, se detiene, mira pensativo su ramita de Criterio y se cuestiona qué debería hacer en este momento. Se da raudo la vuelta irrumpiendo de nuevo en la habitación de doña Mercedes y fundiéndose con ella en el abrazo más dulce que jamás le había dado. Lloran ambos sin contención alguna hasta que su madre, acariciándole la cara, le dice:

— Gracias, hijo mío. En este momento soy una madre feliz porque te siento cerca de mí. Este abrazo es el regalo más bonito que me podías entregar. Anda, vete a dar un paseo que hoy lucen las estrellas más que nunca y te sentará bien encontrarte con el silencio de la noche. Yo me voy a quedar dormida enseguida.

— Te quiero, mamá. Siento mucho todo lo que te he hecho sufrir. Voy a cambiar, te lo prometo.

Carlos sale de su casa desacelerando el paso a medida que se aleja. Camina con sus manos en los bolsillos, con los hombros echados hacia delante, deambulándose mientras observa pensativo la alfombra de estrellas que envuelve a su pueblo. "Vaya día más raro el de hoy. Pero ha merecido la pena vivirlo. No cambiaría nada, porque de todo voy a aprender algo, eso seguro. Aunque reconozco que lo ocurrido con Criterio ha sido demasiado increíble y que su recuerdo va difuminándose en la memoria porque, en el fondo, me resisto a aceptarlo. Me siento ahora un poco ridículo con esta ramita "salvadora" en las manos. Si los entrevistadores se enteraran de este desvarío mental, no habría despertador, corbata o argumento capaz de ayudarme en las entrevistas... ¡Me enviarían al manicomio!", se ríe Carlos permitiéndose así aliviar las tensiones acumuladas. En un momento de incredulidad súbita, llega incluso a hacer el ademán de lanzar la ramita a la oscuridad del campo que ahora mismo le rodea, puesto que hace rato que ha salido del pueblo y camina por una ancha vereda que atraviesa los extensos sembrados. Pero no se atreve a hacerlo. Justo en este momento se detiene, gira media vuelta y empieza a desandar el camino en dirección a su habitación. Tiene sueño, pero, sobre todo, intriga por descubrir si podrá hablar de nuevo con Criterio.

Abre el portón principal sin hacer ruido para no despertar a su madre, se pone de nuevo el pijama y se introduce en la cama con la ramita en las manos:

— Hola, Criterio —comienza diciendo Carlos, deseando escuchar la voz del olivo y con la esperanza de que todo haya sido verdad.

Pasan unos segundos, y no consigue recibir contestación alguna. Carlos mueve la rama en un sentido y otro, como si fuera la antena de una radio, y llama a Criterio con cierta ansiedad y desesperación, llegando a pedir "por favor" que le hablara.

De repente:

— Hola, Pithecus, aquí estoy.

— ¿Por qué has tardado tanto en contestar? —le recrimina.

— ¿Y por qué has tardado tanto en irte a la cama? Soy mayor y ya me había quedado dormido, es muy tarde. Por eso no te oía.

— No me imaginaba que tú también durmieras.

— Claro, cómo te lo ibas a figurar… Tú, en tu mundo, como es habitual…

— Venga, no me regañes, que tú tampoco me lo advertiste.

— Tienes razón, pero no es menos cierto que tú no lo preguntaste.

— Ya, pero es que yo creía…

— Yo creí, yo imaginé que, es que pensaba… Los humanos hacéis suposiciones con facilidad, tomáis muchas decisiones sin discutir vuestras presunciones. Claro, así se explican gran cantidad de malentendidos. Anda, cuéntame qué has aprendido hoy.

— Te lo pudo resumir de manera muy clara. Hoy he aprendido que el mundo de las empresas es muy injusto e incluso maleducado.

— ¿Ah, sí? ¿Por qué es tan injusto y maleducado el sistema?

— Pues porque no te dan la oportunidad de explicarles tus circunstancias, ni siquiera he podido hacer dos de las entrevistas. En una me dijeron que había llegado tarde y en otra que no iba adecuadamente vestido.

— ¿Y en la tercera?

— En la tercera me hicieron preguntas superficiales: ¿por qué ha venido?, ¿qué puede aportar?... y no hablamos de mi sueldo, mis vacaciones ni mi horario.

— Ya veo, qué injusto es el sistema…

— Oye, no te rías, que lo he pasado muy mal.

— No me río, sólo me sorprende lo lejos que estás de comprender las reglas del juego. Te lo voy a plantear de otra manera. ¿Cuál habría sido el resultado si hubieras sido puntual, si te hubieras vestido correctamente y si te hubieras preparado las entrevistas?

— Pues imagino que me hubiera ido mejor.

— Muy bien, ¿entonces?

— Ya, pero es que ellos tienen que comprender...

— Disculpa, pero no tienen que comprender nada. Eres tú el que, si te interesa un trabajo, has de empezar poniendo de tu parte. ¿Tú quieres conseguir un buen puesto o no?

—Yo sí, claro.

— Pues entonces, abre bien los oídos y tu mente y escucha con atención lo que te digo: buscar trabajo es una actividad comercial, y tienes que conseguir que la persona que te entreviste se ilusione contigo y compre tus servicios profesionales. Los vendedores excepcionales tienen grabado a fuego tres principios fundamentales: Puntualidad (nunca llegan tarde), Vestimenta adecuada (se visten para la ocasión), Preparación de la reunión (no dejan nada a la improvisación).

—No termino de entender... ¿por qué es tan importante la puntualidad?

—Cuando algo te interesa de verdad, no llegas tarde. Los partidos de fútbol comienzan y acaban a una hora determinada, al igual que los programas de televisión, el examen de conducir o el horario de un hipermercado. Tu entrevista de trabajo tiene hora de inicio y de final, y si llegas tarde, lo normal es que no te dejen entrar a la función, como en el teatro.

— Vale, ¿y la manera de vestir?

— Tu indumentaria lanza mensajes sobre lo que eres y el valor que das a las situaciones. ¿Qué efecto causarías a tu alrededor si acudieras a tu boda en bañador y camiseta? Normalmente, en un día especial, nos vestimos para la ocasión. La entrevista de trabajo es un momento de extraordinaria importancia y la forma de vestir debe corroborarlo.

— ¿Y tan decisivo es prepararse tanto, no es bueno improvisar un poco y que todo sea más natural?

—Como en cualquier reunión de ventas, hay que preparar el encuentro para aumentar la probabilidad de éxito. Debes indagar de antemano todos los detalles posibles sobre la empresa contratante, conocer en profundidad tus fortalezas y debilidades, argumentar los beneficios que aportas, preparar las preguntas, elaborar respuestas a las posibles objeciones y, sobre todo, poner más interés que nadie por el puesto.

—Bueeeno, vaaale, te creo, está claro por qué el día se me ha puesto tan cuesta arriba. Gracias por tus consejos. Voy a intentar dormir, estoy realmente cansado. Buenas noches.

—Buenas noches, Pithecus, que descanses, es un placer hablar contigo.

El sueño hace rápidamente mella en Pithecus, está totalmente agotado.

A la mañana siguiente se despierta temprano, incluso antes que su madre. Se dirige a su escritorio y relee un par de veces las notas manuscritas la noche anterior. Una sensación de euforia le invade repentinamente. Ahora está seguro de que todo lo que le está ocurriendo es real, y que necesita aprovechar el día para después sacar fruto a su conversación con Criterio.

Decide empezar la jornada sorprendiendo a su madre. Tras el pertinente aseo matutino y engalanarse con una vestimenta más cuidada de lo habitual en él, conquista la cocina y comienza a preparar café. A su madre le encanta sumergirse en un cafetito bien cargado antes de empezar a funcionar. Y, después de arreglarse, se toma habitualmente otro. Ella siempre dice que el primero abre los ojos y el segundo la mente. Doña Mercedes entra en la cocina y se sobresalta al encontrar allí a su hijo:

—Cariño, ¿qué haces levantado tan temprano? Huele a colonia y a café. ¿Estás bien?

— Estoy mejor que nunca, mamá. ¿Quieres un cafelito?

— Ummmm… me encantará.

— Está recién hecho. ¿Cómo te gusta? Es curioso que ni siquiera sé como le gusta el café a mi madre. Vaya hijo más desastroso que tienes…

— Anda, no te tortures más. Eres un hijo maravilloso, sólo necesitas centrarte un poco y vivir mejor tu vida. Échame, por favor, café hasta la mitad de la taza, una gotita de leche y una cucharadita de azúcar.

— ¿Así? —pregunta Carlos tras seguir las instrucciones.

— Es perfecto, muchas gracias, hijo.

— Mamá, voy a salir a comprar el periódico para ver los anuncios de empleo. Después voy a pasarme por la bolsa de trabajo de la universidad y por la librería. Ah, y también voy a hablar con el tío Voyavenderlotodo, que él se dedica a las ventas y me puede ayudar mucho ahora. He pensado que necesito moverme un poco más si quiero encontrar un buen trabajo.

— Pero, hijo, ¿qué te ha pasado? ¿A qué se debe este cambio?

— Todavía no lo sé bien, mamá, pero algo me dice que todo depende de mí, que hay un mundo de oportunidades ahí fuera esperando a quien aprenda a verlo y sepa venderse. Estoy dispuesto a entender las reglas, pero para eso tengo que vivir experiencias, estar activo, nadie va a venir a darme trabajo a casa. ¡Tengo que venderme! Y un buen vendedor sale todas mañanas a comerse el mundo, ¡a venderlo todo!

Se lanza a la calle entusiasmado, pletórico de ganas. Compra el periódico local y otro económico, los escudriña atentamente y observa que en todas las ofertas de empleo piden experiencia de dos a tres años. Se dirige hacia la bolsa de trabajo de la universidad, donde le habían conseguido las tres primeras desafortunadas entrevistas, y habla con Carmen, la coordinadora del departamento de salidas profesionales:

— Buenos días, Carmen.

— Hola, Carlos, me alegra volver a verte.

— Igualmente, venía a ver qué oportunidades hay abiertas para mí.

— Déjame ver dónde hemos enviado tu currículo... Tienes suerte, lo hemos enviado a tres empresas: Primera Oportunidad, Segunda Oportunidad y Tercera Oportunidad. Todas están en Laquetespera.

— Bueno... esas ya me han llamado y pude concentrar todas las entrevistas el mismo día.

— ¿Y qué tal te ha ido?

— Pues no muy bien, la verdad.

— Lo siento mucho. Vamos a ver si hay más suerte la próxima vez. Hay un elevado número de alumnos apuntados en la bolsa, y tenemos que dar oportunidades a todos. De momento, tu currículo no se ha enviado a más empresas. Pero esto es muy cambiante, en cualquier momento aumenta la oferta de empleo y recibimos una marabunta de peticiones. Llámame de vez en cuando y yo estaré encantada de informarte.

— Gracias, Carmen. Eres muy amable conmigo. Te llamaré en unos días.

Sale apesadumbrado de allí. Se da cuenta de que había desperdiciado vilmente sus tres primeras ocasiones de gol. "¿Qué voy a hacer ahora?", se preguntaba una y otra vez.

Mientras camina errante por las calles de su pueblo, no le son ajenos los carteles de "se busca dependiente", "se busca vendedor". Pero siempre piensa lo mismo: "con el tiempo que llevo estudiando, no me voy a poner ahora detrás de un mostrador a vender ropa, coches o longanizas. ¿Qué voy a aprender así? Seguro que nada útil".

Pasa por delante de una librería y, aunque no tiene humor para ratonar libros, cumple con la promesa realizada a su madre y se adentra sin pensarlo más. Rápidamente, el aroma embriagador del papel y la madera de los estantes corteja sus sentidos. "Me alegro de haber venido, este ambiente me relaja". Pregunta por bibliografía para vendedores. El dependiente le indica dónde puede encontrar lo que busca. *El vendedor con éxito, los errores del vendedor, psicología del comprador, cómo vender ideas, vende sin parar, preguntas que te hacen vender, los secretos de la venta...* Hay de todo, así que le resulta difícil escoger. Sabe que tiene que comprarse alguno, que no puede abandonar la librería sin un ejemplar sobre ventas. Así que coge el que le parece más apropiado para alguien neófito en la materia: "Todo lo que debería saber sobre ventas".

Tras pagar los exorbitantes 25 euros del manual, va en busca de su tío Voyavenderlotodo para que le ilustre sobre los secretos del mundo comercial. El tío Voyavenderlotodo es director de ventas en una empresa de zapatos y siempre ha tenido una cariñosa relación con su sobrino. Voyavenderlotodo no fue a la Universidad, tuvo que ponerse a trabajar desde joven por lo precario de la economía familiar, y se vinculó desde el principio al mundo comercial. Tiene don de gentes, buen carácter y una fina intuición para las personas y el dinero. Hoy disfruta de un puesto ejecutivo en una de las principales empresas de la zona.

Carlos llega a donde trabaja su tío. La compañía se llama CUARTA OPORTUNIDAD. Le anuncian que tiene que esperar 20 minutos, pero que luego don Voyavenderlotodo le recibirá con mucho gusto.

Tras 20 minutos exactos, le indican a Carlos que puede pasar al despacho. Su tío le recibe con una sonrisa y le propicia un sonoro beso mientras le rodea con sus brazos en un afectuoso abrazo:

— Vaya sorpresa, Carlitos. ¿Qué te trae por aquí?

— Hola, tío Voyavenderlotodo. Sé que estás muy ocupado, así que iré al grano. Quiero conocer los secretos del mundo comercial. ¿Qué debería saber un buen vendedor?

— ¿Has vendido alguna vez?

— No, la verdad es que no.

— ¿Quieres vender?

— Bueno, yo quiero saber lo que sabe un vendedor.

— Pero para eso tendrás que salir a vender, ¿no?

— Bueno, supongo que si me lo explicas y yo atiendo, me lo podré aprender. Sabes que soy un buen estudiante. Mira, además me he comprado un libro sobre ventas. Entre el libro y lo que tú me enseñes, seguro que aprendo un montón.

— O sea que pretendes saber tirar penaltis sin pisar un campo de fútbol, sólo de teoría.

— Bueno, no sé… no lo había visto así.

— Mira, Carlitos, si quieres aprender de ventas, tiene que salir a vender. Si quieres, yo puedo buscarte una oportunidad, para que empieces desde abajo. Hay un puesto vacante en estos momentos.

— Pero, tío Voyavenderlotodo, yo llevo muchos años estudiando como para ahora ponerme a vender zapatos…

— ¿Eso es lo que piensas de mí? ¿Qué soy un vulgar vendedor de zapatos? Te crees mejor que yo porque has estudiado, ¿no es así?

— No, no, claro que no. Yo no quería decir eso.

— Pues es lo que me ha parecido.

—Por favor, perdóname, yo no pienso eso de ti. Es sólo que estoy un poco confundido y no puedo expresarme con claridad…

—Bueno, no te preocupes, no tiene mayor importancia. Soy tu tío y te conozco. Pero si fuera un extraño podría haberme sentido muy ofendido, ¿lo entiendes?

—Creo que sí…

—Vale, pues entiende también que no puedo enseñarte lo que tienes que ir descubriendo por ti mismo. No te hago ningún favor accediendo a lo que me pides.

—¿Y qué tendría que hacer?

—Te daríamos toda la documentación de los productos, una lista de clientes para empezar y, hala, a la calle a vender.

—¿Y el sueldo?

—¿Sueldo? El sueldo base y un 5% de lo que vendieras.

—Bueno, tío Voyavenderlotodo, déjame que lo piense…

—No tienes que decidirte ahora, no te preocupes. Llámame cuando lo tengas claro. Eso sí, si tardas mucho es posible que hayamos cubierto la posición. En tal caso, podríamos intentar buscar algo en otras empresas donde tengo contactos. Depende de ti.

—Gracias, tío Voyavenderlotodo. Y, por favor, espero que no te hayas molestado por mi torpeza al expresar las ideas…

—Anda, no te preocupes más, que no ha tenido importancia. Vete tranquilo, que ya creo que tienes bastante con todo el lío mental que llevas entre manos.

—Adiós, tío, gracias.

Carlos sale atolondrado de la empresa de su tío. En el fondo, no encaja en absoluto la idea de ser un comercial trabajando a comisión. Eso está fuera de su órbita porque piensa que está preparado para hacer trabajos que considera "más cualificados".

Tira de su cuerpo como puede en dirección a casa con las emociones y expectativas desinfladas. Había salido a comerse el mundo y vuelve sin haber probado bocado. Nada ha salido bien. Las probabilidades de encontrar trabajo siguen siendo las mismas que cuando se despertó esta mañana. "Vaya chasco", se dice mientras camina con aire meditabundo, pero sin ser capaz de pensar en nada concreto.

Por el camino sigue viendo los carteles de "se necesita dependiente" y similares. Pero está convencido de que no debe aceptar ese tipo de propuestas, que ha de empezar desde más arriba, ejecutando labores más cercanas a lo que ha estudiado en la Universidad. Piensa que es mejor estar en el paro antes que desempeñando un puesto por debajo de sus posibilidades.

Llega a su casa y entra en la cocina atraído por la fragancia del apetitoso guiso que estaba elaborando su madre:

— Hola, mamá. ¡Ummmmmmm, qué hambre tengo!

— Es puro amor, hijo, la cocina es puro amor.

— ¡Podríamos montar un restaurante! Tú cocinas y yo atiendo a los clientes. Seguro que nos hacemos ricos y no tengo que ponerme a buscar trabajo.

— Anda, deja de soñar, que yo no estoy para tanto trote. Hago esto para ti, pero no tengo edad ni ganas de estar todo el día en una cocina. Además, seguro que no sale igual de bueno cuando tienes que guisar en grandes cantidades.

— Pues nada, tendré que buscarme otra socia, ¡ja, ja, ja! — bromea cariñosamente con su madre.

— Otra socia, tú lo que deberías buscar es una buena novia que te ponga en tu sitio y te tranquilice un poco.

—¿Novia? Eso era en tus tiempos, mamá. Ahora se llama "pareja", y yo soy joven para eso todavía. Tengo mucho por vivir.

—¿Vivir? Yo creo que los jóvenes ahora hacéis de todo menos vivir la vida. Entregarse a alguien y dar todo lo que uno tiene, sin condiciones ni prejuicios, es la única manera de descubrir al otro y descubrirse a uno mismo. Ahora nadie quiere comprometerse a nada. El mundo ha avanzado gracias a las personas que han tenido capacidad para esforzarse y comprometerse. Y hoy, no veo que tengáis predisposición ni al esfuerzo ni al compromiso. Todo el mundo quiere vivir muy bien, pero piensa que es un derecho adquirido, que no debería luchar por conseguirlo.

—O sea, que piensas que no tengo capacidad de esfuerzo ni de compromiso. Y me entero ahora…

—Bueno, no te ofendas, estoy hablando de tu generación y es posible que tú también puedas verte afectado por esta corriente en la que te mueves a diario. Te aseguro que antes las cosas no eran así. Te estoy dando una pista, no pretendo ofenderte: si te esfuerzas y te comprometes vas a destacar fácilmente. Puedes hacerlo, tienes la capacidad, sólo has de adquirir el hábito. Venga, me dejo de sermones, anda, cuéntame, ¿qué tal ha ido la mañana?

—La verdad es que nada ha sido como esperaba. Tengo poco que contar. La buena noticia es que puedo trabajar si quiero, pero como vendedor de zapatos, como camarero o como dependiente de tienda. El tío Voyavenderlotodo me ha dicho que puedo empezar a trabajar con él cuando quiera.

—¿Has estado con él?

—Sí, hemos charlado durante un buen rato.

—Es muy buena persona y muy trabajador. No pudo estudiar en la Universidad, pero mira dónde ha llegado. Seguro que si te pegas a él, aprenderás de la mano de un excelente profesional cómo funcionan las empresas y el mercado. Estoy convencida de que puede hacerte mucho bien escucharle.

— Ya, seguro que sí, pero no quiero vender zapatos a comisión.

— Bueno, yo no voy a esforzarme por convencerte de nada. Tú decides lo que creas mejor para ti. Yo estoy aquí para darte mi opinión cuando lo requieras y apoyarte en la medida de mis posibilidades, nada más. Venga, vamos a comer que te vas a chupar los dedos.

Doña Mercedes come pensativa, aunque intenta disimular su contrariedad con las ideas preconcebidas de Carlos. Le cuesta entender la postura de su hijo, pero también sabe perfectamente que le debe dejar hacer. La sensación de presión levanta aires de rebeldía en Carlos y su madre lo sabe. Es capaz de no trabajar si le hostigan a ello, pero, a la vez, ella es consciente de que su hijo puede aportar todo lo bueno que tiene cuando decide por él mismo. Ya ha cometido este error en otras ocasiones, demasiadas veces a su pesar. Ahora está decidida también a demostrar que puede cambiar sus hábitos. Tiene la sensación de que está pidiendo a su hijo que modifique sus paradigmas y sus costumbres, pero sabe que ella también tiene que cambiar, que dispone de una oportunidad de oro para superar inercias y conseguir sus objetivos a través de nuevos caminos. Y esta es la primera lección que la relación con su hijo le ha enseñado: él debe convencerse por sí mismo a través de sus razones particulares, no las razones de su madre.

Ambos degustan un delicioso postre de manzana que doña Mercedes había preparado siguiendo una receta tradicional. Sabe que es el dulce favorito de su hijo. Nada más terminar, le propone que se suba a su dormitorio a descansar un rato, y que ella se ocupa de recoger la mesa.

Carlos sube a su habitación y entra en contacto con una sensación desconocida hasta el momento para él: la soledad. Se siente solo en esta batalla y lo que más le acongoja es ser consciente de que no es posible librarla acompañado. Sabe que su madre está a su lado, y que su tío le dará trabajo si se lo pide, pero que ha de tomar sus propias decisiones, nadie puede decidir por él. Aunque todos le aconsejen, se está dando cuenta de su responsabilidad individual para configurar los planes en su propia vida.

Se deja caer con flacidez sobre la cama, suspirando y maldiciendo su suerte porque tiene en sus manos un rompecabezas cuya solución en estos momentos le parece imposible. Con la cabeza apoyada sobre las manos entrelazadas y observando el techo, intenta sin fortuna centrar los incansables pensamientos que le asolan. Su cerebro reacciona frente a tamaño desconcierto y desconecta introduciéndole en un apacible sueño.

Mientras, doña Mercedes recoge la mesa y friega alicaída la vajilla en la soleada cocina. Se encuentra triste y las lágrimas inundan sus ojos espontáneamente, sin poder evitarlo. Intenta no dejar entrever su estado anímico, pero el esfuerzo resulta ímprobo porque ha absorbido toda la angustia de su hijo multiplicada por diez. No sabe cómo deshacerse de la congoja que la maniata y bloquea sedimentando en ella una desesperanzadora sensación de impotencia. Con la cocina recogida exhalando un agradable aroma a limpio, se refugia en el sillón de la salita desde donde la televisión le permitirá sumergirse en su novela favorita. Es un momento esperado y grato en el día. Le gusta porque trata de la vida misma, los personajes son reales y escenifican lo que podría pasarle a cualquiera. No tiene ganas de hacer croché, pero sabe que la relaja. Así que continúa elaborando una pequeña obra de arte que cubrirá elegante la mesa del comedor mientras intenta recuperar intermitentemente el hilo a la novela. Tanto consigue relajarse que también el sueño la seduce tras unos minutos. Echa una cabezada plácida, con las manos depositadas sobre sus faldas recogidas entre las agujas y el precioso paño en obras.

Carlos se despierta desorientado, sin saber siquiera dónde se encuentra ni qué día es. Ha dormido profundamente. Mira el reloj y descubre sorprendido que lleva tres horas inconsciente. Son las siete de la tarde y baja a la cocina a tomar un poco de agua. Su madre ha salido. Le ha dejado una nota pegada a la puerta del frigorífico diciendo que volverá sobre las nueve.

Vagabundea meditabundo por la casa sin saber muy bien qué hacer. No tiene ganas de ponerse delante del ordenador. Tampoco le apetece leer ni ver la televisión. Está inquieto y decide dar un paseo sin rumbo concreto.

Camina con la vista perdida y sus manos en los bolsillos mientras se regocija en su mala suerte. Se siente desdichado y perseguido por la injusticia. "Qué más dará si llevas un pantalón u otro, si te retrasas 5 minutos o llegas media hora antes a una entrevista —piensa contrariado—. Yo soy el mismo con o sin corbata, vendiéndome o mostrándome como soy. Y para colmo, si quiero hacer algo, me tengo que poner a vender zapatos o caramelos. Yo no he estudiado tantos años para ahora encontrarme con esto".

Mientras se relame en sus propias circunstancias, van transcurriendo los minutos hasta que empieza a anochecer. Ha estado dos horas recorriendo el pueblo a pie, pero sería incapaz de recordar por dónde ha pasado ni a las personas a las que ha saludado.

Llega a casa y allí se encuentra a su madre preparando la cena. Le da un beso y sube a darse una ducha y ponerse cómodo. Cuando baja se encuentra la mesa dispuesta y a su madre sentada haciendo tiempo mientras ojea el periódico local:

— Mira, Carlos, estoy leyendo que hay una empresa a las afueras del pueblo que está buscando gente preparada, con estudios universitarios y sin experiencia previa, para el departamento financiero, el comercial y el de marketing. Ofrecen sueldo fijo y posibilidades de desarrollo profesional. Podría interesarte...

— Bah, seguro que están buscando curritos para que trabajen como esclavos por cuatro duros.

— Pero algo seguro que se aprende, ¿no?

— No lo creo, mamá. Me pondrán a hacer fotocopias o a coger el teléfono. Seguro que no me van a pedir que haga tareas muy enriquecedoras.

— Bueno, tal vez no sea como lo pintas y estén ofreciendo algo positivo para ti... nunca se sabe...

— Bueno, mañana lo miro y ya veré qué hago. Estoy un poco cansado. Me voy a la cama.

— Pero si has estado toda la tarde durmiendo, ¿cómo puedes tener sueño?

— No sé, mamá, será la tensión a la que estoy sometido, que me deja sin muchas fuerzas.

— Yo creo que es más la inactividad que el estrés. Puede que te siente bien hacer un poco de ejercicio. Ya hace mucho que no te veo salir a correr, y siempre has disfrutado trotando por los alrededores del pueblo.

— Quizá tengas razón y deba activarme un poco. Como siga así me van a empezar a salir canas pronto...

— Anda, no seas exagerado. Vete a la cama, mañana te levantas temprano, te das una carrera, una buena ducha de agua fría, desayunas como un sultán y ¡a comerte el día!

— Gracias, mamá, me estás ayudando mucho, te lo digo de verdad.

Se funden en un tierno beso de buenas noches y Carlos sale disparado hacia su dormitorio. Lo primero que hace es sacar sus zapatillas y el resto de la indumentaria deportiva. Así, deja todo preparado para no perder tiempo a la mañana siguiente. Acaba de percibir también que le ha salido un pequeño "michelín" contra el cual se compromete a librar dura batalla desde ese mismo instante. Tanto es así que en un ataque de actividad no duda en hacer unas flexiones y algunos ejercicios abdominales antes de acostarse. Su mente se ha revolucionado y un cierto estado de euforia se apodera de él durante unos minutos.

Ya en la cama cae en la cuenta de que le falta algo. Se inclina sobre un lado hasta alcanzar el cajón de la mesita de noche donde guarda la ramita de Criterio, olvidada durante unas horas:

— Hola, Criterio, ¿estás ahí?

— Hola, Pithecus, me alegra volver a hablar contigo. ¿Cómo te encuentras?

— Estoy desconcertado, hoy no me ha salido nada bien.

— Supongo...

— ¿Por qué lo supones? ¿Es que no confías en mí?

— Si no confiara en ti no tendrías esa ramita en tus manos, pero tengo la sensación de que has tenido un día "tobogán", con una gran subida inicial y luego bajando sin parar.

— Pues sí, así ha sido, salí a la calle esta mañana con la idea de comerme el mundo y ha sido justo al revés, las circunstancias han podido conmigo y nada ha salido como esperaba.

— ¿No has tenido oportunidades que aprovechar hoy?

— Realmente, no. Bueno, si a vender zapatos a comisión lo llamas una oportunidad...

— Ya, ya... No es un trabajo a la altura de tus capacidades, ¿no es así?

— Efectivamente, me alegra saber que me entiendes.

— Claro que te entiendo. Es que tú no has estado 5 años en la Universidad para ahora desaprovechar tu potencial y tu talento de esa manera.

— Así es, no sabía que pudieras identificarte tanto conmigo, es todo un descubrimiento, gracias por tu apoyo.

— Ese tipo de trabajos es para los que no son como tú, para gente menos preparada y menos inteligente, incluso de otra categoría social si me apuras.

— Bueno, no sé si lo expresaría de esa forma tan radical. Pienso que no es para mí, pero porque me he preparado para otras funciones. Yo no intento menospreciar a nadie…

— Pues creo que tienes motivos para sentirte superior a los demás y no tienes por qué mancharte las manos, para eso están otros.

— Oye, ¿te estás riendo de mí, o qué?

— Me estoy partiendo de risa, hombre, claro que me estoy riendo de ti, estás muy lejos de seguir la cuarta norma de oro para conseguir trabajo. Levántate, siéntate en tu escritorio y toma nota de lo que te voy a decir.

— Vaya sentido del humor, no sólo tienes 2.000 años de viejo sino que también tienes 2.000 años de gracioso. ¿Sabes qué te digo? Que no me voy a levantar a escribir nada, que te vas a reír de tu abuela la "oliva milenaria", que no quiero más criterios ni reglas de oro, esto harto. ¡Me voy a dormir! Creo que vas a pasar una buena temporada en el cajón de la mesita de noche. ¿Quién te has creído que eres?

— Volverás a mí, dentro de unas horas entrarás en razón. Ya suponía que ibas a reaccionar así.

— Tú lo sabes todo, claro, listo mayor del reino.

— Sólo sé cosas porque he aprendido a escuchar.

— Bueno, déjame en paz, ya he tenido bastante hoy como para que encima te partas de la risa a mi costa. Me entran ganas de usar ese privilegio que me has concedido para volver a pasar por el día de hoy y despedirme de ti para siempre. Mira, sé cuál es el número de lotería que ha salido hoy, así que si vuelvo a empezar me hago millonario.

— Pues nada, eso ya lo he visto antes, haz lo que creas conveniente. Dinero fácil a corto plazo o Criterio todos los días. Ya te dije que no te resultaría fácil convivir con estos dones.

— Que me dejes en paz, voy a dormir. Adiós.

Carlos lanza la ramita de Criterio al fondo del cajón de la mesita de noche y se envuelve bruscamente y de lado en su edredón. Pero no puede conciliar el sueño reproduciendo una y otra vez la última parte de su conversación con Criterio. Acaba de descubrir que puede ser millonario cuando quiera, que no tendría que buscar trabajo ni sufrir lo que entiende son humillaciones. Mascullando contra Criterio e imaginando qué haría si le tocara la lotería, se queda finalmente dormido hasta bien entrada la mañana:

— Cariño, son las 10 , creo que ya es hora de levantarse.

— Mamá, déjame dormir, por favor, no tengo ganas de visitar el mundo hoy.

— Venga, arriba, ponte la ropa de deporte y vete a correr un rato, ya verás cómo te sienta bien.

— Pero, mamá…

— Ni mamá ni nada, ¡vamos! Vístete en dos minutos, te tomas un cafetito que tengo para ti y ya quiero verte fuera de casa.

— Vale, vale, ya voy.

Carlos se levanta a regañadientes, se pone el atuendo deportivo, toma un café que le sabe a gloria y sale de su casa casi empujado por su madre.

Ya en la calle, mira unos segundos a su alrededor y comienza a trotar suavemente en dirección a una colina cercana.

Después de treinta minutos de carrera a ritmo suave, llega al promontorio y se detiene. Cuando estaba más en forma este trayecto lo hacía en veinte minutos escasos y, lejos de hacer un alto en el camino, continuaba hasta completar una hora. Camina respirando profundamente, con las manos en la cintura y contemplando las hermosas vistas que disfruta en cada uno de los 360 grados que le rodean. No piensa nada concreto, se siente bien y decide continuar, esta vez caminando a buen ritmo por las veredas que culebrean entre un maravilloso mar de encinas.

Una vez en el pueblo, y mientras se dirige a su casa, no deja de fijarse en todos los carteles anunciando la demanda de dependientes, vendedores y camareros.

Su madre tenía razón, el ejercicio físico ha renovado sus ánimos y le permite realizar una lectura positiva de todo lo ocurrido hasta el momento. Tiene incluso ganas de hablar con Criterio después del desencuentro de la noche anterior. Ahora no le parece tan tentadora la idea de sacrificar a Criterio por dinero.

Al llegar a casa sube corriendo a darse una ducha, se viste y baja a desayunar con energías renovadas. Son las once y media de la mañana y le sobreviene la gran pregunta: ¿qué voy a hacer hoy? Sus ánimos decaen momentáneamente, pero allí estaba su madre para darle un empujón:

—Vamos, cariño, sal ahí fuera a comerte el mundo, que algo bueno hay esperándote; pero, por favor, no te quedes en casa todo el día, que se te puede echar encima.

— Gracias, mamá, ahora mismo voy a hacer otra ronda por el pueblo, a ver qué recolecto por ahí.

Carlos se dirige a la universidad, a hablar de nuevo con Carmen, a ver si ha habido alguna novedad en las últimas horas:

— Hola, Carmen. Sé que estuve ayer aquí, y espero que no te importe que venga hoy a preguntarte de nuevo si ha salido alguna oportunidad de trabajo para mí.

— Claro que no me importa, ya veo que tienes ganas de conseguir un empleo y me gusta que vengas a interesarte. No hay novedades, pero ven a verme cuando quieras, estaré encantada de darte buenas noticias cuando surjan. Te apunto mi teléfono directo, por si me quieres llamar.

— Gracias, Carmen, eres un encanto.

Sale sin rumbo fijo y pensativo. Recuerda las palabras de su madre cuando le aconsejaba que se mantuviera activo y atento a las oportunidades. Se le ocurre comprar el periódico, no era algo que acostumbrara hacer, pero piensa que es una manera de estar informado y de mantener su mente activa en temas de actualidad. Toma asiento en una mesa arrinconada de una cafetería céntrica y pasa casi dos horas leyendo tranquilamente su periódico y tomando notas de todo aquello que se le ocurre. Siguiendo también los consejos de doña Mercedes, llevaba encima una libreta para apuntar pensamientos e ideas.

De camino a casa no puede evitar dirigir su mirada a la creciente cantidad de carteles que ofrecen empleo, aunque rechaza la idea de interesarse por ellos por no considerarlos adecuados a su nivel de estudios.

Pasa delante de una administración de lotería y pone atención en la combinación de números premiados del día anterior. Muchos millones podrían ser suyos inmediatamente, en cuestión de 24 horas. Hoy descubre que hay un bote especial de 150 millones de euros en uno de los juegos. No sabe cómo evitar dejar de pensar en esta posibilidad. Compara su opción de "se busca dependiente" con la de "ser millonario", y el desfase le trastorna hasta límites realmente dolorosos. Esta súbita posibilidad de cambiar su vida le hace pensar, paradójicamente, en el valor que le aporta Criterio. Sabe que este juego puede tener trampa y que si Criterio le pone esta prueba es posiblemente porque haya una enseñanza valiosa detrás de ella. "¿Y si a largo plazo lo realmente rentable es Criterio, y no la lotería?" se cuestiona mientras siente cómo su nivel de ansiedad se reduce considerablemente.

Ya de vuelta a casa vuelve a experimentar cierta sensación de vacío. Mientras almuerza con su madre comparte con ella el nuevo conflicto en el que se ve envuelto:

— Mamá, ¿tú cambiarías la relación con alguien por dinero?

— Hijo, ¿por qué me preguntas eso?

— Bueno, por nada, quizá es que tengo demasiado tiempo para pensar y me pierdo en tonterías.

—No sé… dependería de lo que esa persona supusiera en mi vida. Por ejemplo, yo nunca te cambiaría a ti por dinero, ni por todo el oro del mundo.

— ¿Y si tuvieras la posibilidad de ser millonaria, pero para ello tuvieras que dejar de ver al tío Voyavenderlotodo?

— Tampoco, yo no podría vivir sin tu tío. ¿Qué haría yo sola en un enorme chalé sin su compañía, su conversación y su cariño?

— ¿Y si en vez de un familiar cercano es alguien que acabas de conocer?

— Pero, Carlos, ¿qué te pasa, hijo mío? No sé qué haría, la verdad. Deja ya de pensar en esas hipotéticas situaciones que son pura fantasía porque te complican la vida inútilmente. Nunca tendrás que enfrentarte a ese tipo de conflictos. Espero que encuentres trabajo pronto y ocupes tu mente en resolver situaciones reales, te sentará bien, te lo aseguro.

— Tienes razón mamá, si encontrara trabajo y una buena novia, dejaría de pensar en majaderías —corta así, con una pizca de humor, la discusión porque entiende la posición de su madre y, además, no quiere poner en peligro su relación secreta con Criterio.

Tras el almuerzo, Carlos vuelve a lo que empieza a convertirse en una rutina y se echa sobre la cama para meditar inicialmente y disfrutar enseguida de otra siesta descontrolada.

A media tarde, cuando resucita de su letargo, escucha voces en la planta inferior. Baja despacio las escaleras, se adentra en la salita de estar y descubre a su tío Voyavenderlotodo charlando apaciblemente con su madre mientras comparten unas humeantes y apetecibles tazas de café:

— Hombre, sobrino, ya veo que dedicas tiempo a la meditación y reflexión personal, a trabajar... en tu mundo interior — comenta Voyavenderlotodo con tono jocoso.

— Hola, tío, ya veo no pierdes tu sentido del humor.

— Hombre, a simple vista, no parece que estés haciendo todo lo posible por empezar a ganarte la vida como un hombre de provecho. Con siestas de tres horas ya me dirás qué puede pensar cualquiera, ¿no te parece?

— Bueno, estoy confundido, eso es cierto, pero sí que me encantaría sentirme un hombre de provecho.

— Pues lo tienes fácil, mañana mismo, si quieres, puedes

empezar a trabajar en mi equipo, ya te lo dije. Y si no quieres trabajar conmigo, puedo ayudarte en otras empresas.

— Mamá y yo hemos estado hablando de eso, pero sigo sin verlo claro.

— Yo creo que tu problema es que tienes miedo. Si estuvieras seguro de que ibas a triunfar vendiendo zapatos, lo harías sin dudarlo.

— ¿Miedo yo? No tengo miedo a vender zapatos, sólo que no considero que sea la mejor manera de aprovechar ahora mi carrera profesional.

— Ya, ya… Bueno, tú verás, soy tu tío y tienes la puerta abierta para cuando quieras reconsiderar el tema.

— Voy a darme un paseo, os dejo charlando. Mamá, estaré aquí a tiempo para cenar, a las nueve.

— Vale, hijo, ten cuidado.

— Adiós, tío.

— Adiós, sobrino, cuídate.

Carlos sale a pasear, como viene siendo habitual, sin saber dónde ir, sólo huye de la soledad de su cuarto.

Mientras camina, no consigue quitarse de la cabeza la terrible bomba que ha lanzado su tío: TIENES MIEDO. "Yo no tengo miedo, hay otras muchas cosas interesantes que puedo hacer antes que ponerme a vender a comisión", pensaba una y otra vez. Tal es su enojo que empieza a entrar por despecho en todos los comercios donde se busca dependiente. En cada uno de los establecimientos por los que se interesa le comentan lo mismo: puedes empezar cuando quieras.

Tras una ronda de visitas su ego parece una montaña rusa: sube cada vez que le aceptan y baja cuando piensa en el tipo de trabajo que tendría que desarrollar.

Pasan los días y cae en una desidia que le resulta insoportable de sobrellevar, llegando a momentos de auténtica desesperación que se entremezclan con la tentación creciente que supone la oportunidad de hacerse millonario en un día. Tampoco habla con Criterio, un poco por vergüenza, un poco por desidia. Tampoco sabría qué contarle, porque siente que los días se suceden vacíos y sin contenido.

Su madre no quiere meterse, pero sufre al ver cómo su hijo desperdicia todos y cada uno de los minutos del día.

Lleva 6 meses, desde que terminó los estudios, sin hacer nada; pero una nueva oportunidad llama a su puerta. Su tío le llama por teléfono y le comenta que ha surgido un puesto en el departamento de marketing de CUARTA OPORTUNIDAD y que, aunque él no decide, sí que ha pasado su referencia al director correspondiente.

Carlos no quiere desaprovechar el momento y se promete a sí mismo no caer en los mismos errores del pasado: así que se vestirá adecuadamente, será puntual y se preparará la entrevista en profundidad. Para ello, queda una tarde con su tío para que le ilustre sobre la empresa y la persona con la que se entrevistará. Ensaya las respuestas a las posibles preguntas que le pueden formular. También prepara las preguntas que le gustaría realizar.

Llegado el día acude con decisión a la cita. Aparece en la empresa de su tío, CUARTA OPORTUNIDAD, 10 minutos antes de la hora prevista. Anuncia su llegada en recepción y le invitan a esperar en una salita elegante y de detalles cuidados.

Justo a las 16.00 horas aparece un hombre de unos 45 años, de gesto amable y complexión atlética:

— ¿Eres Carlos?

— Sí, hola, soy yo, Carlos López. Encantado de conocerle — comenta mientras se dan la mano sonrientes.

— No me hables de usted, hombre, que todavía soy muy joven... —comenta risueño y distendido—. Por cierto, me llamo Hazloquesea Perotrabaja.

— Encantado, Hazloquesea.

Entran en un despacho luminoso y arropado de imágenes de la empresa, fotos, pósters y diseños publicitarios:

— Siéntate, por favor, ponte cómodo.

— Gracias, responde Carlos intentando mantener el tipo esforzándose por no dejarse invadir por el recuerdo de las amargas experiencias anteriores.

— Bien, ¿qué tal estás?

— Pues con muchísimas ganas de empezar a trabajar y demostrar todo lo que puedo aportar.

— Bueno, eso está bien. Si te parece, te cuento brevemente lo que estamos buscando para que nos sirva de introducción a la entrevista.

Hazloquesea Perotrabaja detalla todas las funciones que espera que desempeñe el aspirante al puesto. Carlos se muestra activo y pregunta demostrando interés:

— Tiene muy buena pinta, me parece realmente interesante todo lo que has contado. ¿El puesto es de nueva creación o ya viene desempeñándose por otra persona?

— Es una buena pregunta. El puesto es nuevo, no hay antecedentes. ¿Es eso un problema para ti?

— No, en absoluto, soy de los que se siente cómodo creando y poniendo en marcha proyectos nuevos.

— ¿Y por qué crees que deberíamos seleccionarte a ti?

— Estoy convencido de que estarás entrevistando a otras personas muy cualificadas y bien preparadas para desempeñar todas las funciones que se requieren. Me imagino que no te resultará sencillo elegir un candidato cuando el nivel será tan alto en todos. Yo, además de que me considero suficientemente capacitado para el puesto, de no ser así, no me hubiera presentado, tengo una motivación especial: estoy incluso dispuesto a renunciar inicialmente a mi sueldo por tener la oportunidad trabajar.

— Vaya, eso suena muy fuerte, ¿estás seguro de lo que dices?

— Lo tengo clarísimo, tengo tanta necesidad de sentirme útil y de empezar a acumular experiencia en mi currículum, que eso ahora mismo prima sobre todo lo demás.

— Bueno, bueno, veo que lo tienes claro, eso me parece muy bien. Entonces, si tienes esa necesidad imperiosa de trabajar, ¿qué has estado haciendo durante estos seis meses?

— Poca cosa, la verdad, porque no es fácil encontrar el trabajo que quieres.

— Yo paseo a menudo por el pueblo y veo múltiples carteles de empresas buscando candidatos.

— Sí, pero no son trabajos que me permitan aprovechar los conocimientos adquiridos en mis años de estudio. Creo que merece la pena esperar a que surja una buena oportunidad de verdad, como la que tienes en tu departamento.

— Ya, ya... Entonces, lo que me estás diciendo es que no tienes experiencia laboral alguna, ¿verdad?

— Pues sí, así es. Pero es que resulta imposible acceder a un trabajo decente porque siempre te piden tener al menos dos o tres años de experiencia. Y, claro, ¿cómo vas a conseguir la dichosa experiencia si acabas de terminar la Universidad?

Carlos aprecia cierta contrariedad en la expresión de Hazloquesea Perotrabaja, pero decide no darle mayor importancia.

Comentan los aspectos propios de sueldo, horarios y vacaciones, y el señor Perotrabaja termina aclarando que hay otras personas en el proceso de selección, y que en una semana habrán tomado la decisión.

Se despiden cordialmente y Carlos sale de la empresa eufórico. Camina a paso ligero hacia su casa para compartir todo con su madre:

— Mamá, creo que ya tengo trabajo. He hecho una entrevista espectacular.

— ¿Sí? Cuánto me alegro, hijo mío. A ver si hay suerte. ¿Cuándo sabrás algo?

— Pues me han dicho que en una semana tendrán tomada la decisión. Voy a correr un rato para despejarme y luego nos vemos para cenar. ¿Te parece bien?

— Claro que sí, hijo, vete tranquilo que hoy te lo mereces.

Doña Mercedes se queda pensativa y sabe que su hijo tiene posibilidades, pero también es consciente de que si entra en lid otro joven igual de preparado y con algo más de experiencia, se lo pondrá muy complicado a Carlos. Ella sabe que ha de estar prevenida para cualquiera que sea el desenlace. Mientras cocina la cena consigue ir deshaciendo el nudo que la situación laboral de Carlos le produce en su estómago.

— Mamá, esto está riquísimo —comenta Carlos con la energía del que se siente satisfecho consigo mismo.

— Gracias, hijo, lo hago con todo mi cariño para ti.

— Ojalá la gente fuera tan buena conmigo como lo eres tú, mamá.

— Eso sabes que es imposible, madre sólo hay una y nadie te podrá querer tanto como yo. Cuando seas padre lo comprenderás mejor, no tengo dudas. Además, me pondría muy celosa si veo que alguien te trata igual que yo... — termina doña Mercedes sonriendo y haciendo una mueca de complicidad.

— ¿Tú crees que me merezco de verdad que me den el trabajo en la empresa del tío?

— Si fuera por mí, estarías trabajando ya, pero el mundo laboral tiene sus reglas y siempre puede llegar alguien que se adecúe mejor que tú al puesto. Ese riesgo es inevitable. Pero si te dijeran que no, tampoco pasaría nada, ¿no? Siempre habrá otra oportunidad.

— Si me dicen que no, se me va a caer el mundo encima. He tardado meses en conseguir una entrevista de calidad, y sabe Dios cuándo conseguiré otra. No tengo más tíos...

— Anda, no seas tan derrotista. Lo importante es saber levantarse y superar los problemas antes que los demás, con espíritu positivo, que nunca sabes dónde se esconde la siguiente oportunidad.

— Ya me gustaría ser tan optimista como tú, pero tendrías que estar en mi situación para entenderlo.

— Bueno, imagino que no es sencillo estar en tu piel en estos momentos —cierra así doña Mercedes la discusión para no entrar en conflicto con su hijo.

Terminan la cena, ven juntos la televisión durante unos minutos, y Carlos decide ir a dormir pronto. Desea terminar el día y empezar de nuevo el siguiente.

Doña Mercedes se queda pensativa en el sofá. Percibe la inquietud que invade a su hijo y su desconsuelo crece al no encontrar la manera efectiva de ayudarle. Por otro lado, también reconoce que sólo Carlos puede encontrar su propio camino y que ella no debe intervenir. Pero es madre, y le cuesta ser insensible a los sentimientos de su hijo.

Carlos se mete muy rápido en la cama, hace días que no habla con Criterio y ahora siente la necesidad imperiosa de hacerlo:

— Hola, Criterio, ¿estás ahí? —pregunta dubitativo con la ramita de olivo entre las manos.

— Hola, mi querido Pithecus. Hace mucho que no hablamos y ya empezaba a preocuparme por ti.

— He estado un poco revuelto estos días y no sabía bien de qué hablar contigo. Pero hoy me siento de nuevo preparado.

— Me alegra mucho tener noticias tuyas. Cuéntame, ¿qué has aprendido estos días?

— No sé muy bien qué he aprendido. Sigo sin tener trabajo, así que imagino que no he avanzado demasiado.

— Todas las vivencias nos dejan siempre algo. Te diré más, una no experiencia también es una experiencia.

— Bueno, quizá he aprendido a hacer entrevistas. Hoy he hecho una espectacular, estoy seguro de que me van a seleccionar.

— Vaya, te veo convencido de veras. No te confíes demasiado, que ya sabes que después la caída puede ser más violenta.

— Vaya, gracias por confiar en mí y por tus ánimos, eso es un amigo.

— Sólo intento protegerte, claro que confío en tus posibilidades. Qué suspicaces sois los humanos y qué difícil hacéis la comunicación entre vosotros, ¡es tremendo!

— Tienes razón, somos reacios a encajar críticas y enseguida nos ponemos a la defensiva. Vaaaale, intentaré mejorar...

— Bueno, y de qué quieres hablar, porque no termino de entender para qué me has llamado, estás poco comunicativo.

— Es cierto, no tenía previsto contarte nada en especial. Quizá sólo me conformaba con saber que sigues ahí.

— Pues sí, mi joven amigo, aquí estoy para lo que consideres oportuno.

— Creo que voy a intentar dormir, tengo mucho sueño. Espero que no te molestes.

— En absoluto, duerme tranquilo, que yo haré lo mismo, no te preocupes. A mí también me ha gustado saber que sigues teniéndome en cuenta.

Carlos no se ha atrevido a comentar con Criterio la tentación de hacerse millonario y sacrificar la relación que mantienen. Siente una enorme vergüenza sólo de pensar que pueda defraudar la confianza que Criterio ha depositado en él. En cualquier caso, se alegra de no haber sucumbido hasta el momento y de haber contactado de nuevo con su amigo. Está cansado y cae en un sueño profundo de manera fulminante. Hablar con Criterio ha relajado su mente y el efecto no se ha dejado esperar.

A la mañana siguiente, mientras desayuna en la mesa de la cocina escuchando las noticias en la radio, suena el teléfono. Son las nueve y media de la mañana, por lo que piensa que a una hora tan temprana sólo podía tratarse de su madre, que querrá asegurarse de que ya se ha levantado de la cama:

— Dime, mamá —contesta Carlos al teléfono.

— Hola, Carlos, soy tu tío, tu madre también está aquí conmigo por si quieres hablar con ella.

— Hola, tío, vaya sorpresa. ¿Qué hace ahí mamá?

— Pues ha venido a verme para interesarse por tu entrevista. Ella también anda inquieta con este tema. Y hemos aprovechado para desayunar juntos, que hacía tiempo que no hablábamos de nuestras cosas.

— Ah, qué bien. Supongo que me llamas porque sabes algo, ¿no?

— Pues sí, iré al grano, que ya veo que la impaciencia te come. Carlos, el trabajo se lo han dado a otro chico, lo siento.

— No me lo puedo creer, ¿por qué? Si hice una entrevista extraordinaria, no entiendo nada.

— Me han comentado que les gustó tu perfil y que estabas posicionado el primero para conseguir el puesto. Pero al final entrevistaron a un joven de tus características con algo más de experiencia laboral. Y eso parece que ha sido importante en la decisión.

— ¿Más experiencia? Pero si seguro que ha terminado la carrera a la vez que yo, ¿qué experiencia puede tener?

— Al parecer, les ha impresionado mucho que siempre ha estado ocupado con pequeños trabajos. Ha sido dependiente en tiendas, vendedor de jamones, profesor particular…

— Y eso, ¿qué tiene que ver con un puesto de marketing? Es indignante.

— Bueno, Carlos, yo no puedo hacer más. Lo siento de veras, pero debes entender que este juego funciona así. Siempre hay alguien más completo con posibilidad de quitarnos nuestras oportunidades. Por eso no se puede bajar la guardia. De todos modos, te enviarán una carta, aunque también puedes llamar tú e interesarte directamente por el tema.

— Sólo faltaría que encima tuviera que llamar yo ahora para escuchar cómo intentan justificar una injusticia. Seguro que ese candidato es hijo, sobrino o nieto del director de marketing.

— O no, Carlos, también cabe la posibilidad de que sea una

persona más preparada que tú.

— Bueno, tío, gracias por llamarme personalmente. Siento haberte defraudado, voy a dar un paseo. Dale un beso a mamá y dile que después la veré para almorzar —termina Carlos con unas enormes ganas de colgar el teléfono y salir corriendo de allí.

— Adiós, sobrino, cuídate y ven a verme cuando quieras.

Carlos sale expelido de su casa y se lanza a la calle a ritmo marcial sin rumbo definido. No deja de dar vueltas a lo que le acaba de ocurrir. Le parece una tomadura de pelo asignar un puesto de marketing a alguien sólo porque ha dado clases particulares o ha vendido jamones. No encuentra sentido a lo ocurrido.

El día se convierte en una interminable cuesta arriba, no desea hablar con nadie y decide encerrarse en su cuarto, poner música melancólica y aislarse del mundo cruel que piensa que le rodea. Su madre le deja hacer y no se mete. Está triste, pero entiende que debe darle espacio.

Sólo llama a su puerta para hacerle saber que ella está disponible y que respeta y comprende cómo debe sentirse en estos momentos:

— Carlos, hijo, que sepas que estoy aquí para lo que necesites y que me hago una idea de cómo te sientes. Y no te preocupes, que no te molestaré con mis cosas, tómate tu tiempo.

— Vale, mamá, muchas gracias —contesta apesadumbrado y sin abrir la puerta.

Baja a la hora del almuerzo y se encuentra una nota de su madre donde lee que le deja la comida en la nevera y sólo ha de calentarla, que ha salido a comer con unas amigas. En realidad, doña Mercedes se había marchado para dejar espacio a Carlos y no crearle más presión de la necesaria.

No tiene apenas hambre y, tras picotear algo, se tumba en el sofá para hipnotizarse con la televisión y no tener que pensar en nada. Es una de las tardes más aburridas y exasperantes de su vida, no sabe cómo controlar tanto desasosiego.

Llega la noche, cena taciturna con su madre, y se mete en la cama para poder charlar con Criterio, que en estos momentos considera que le hace falta sin más demoras:

— Criterio, ¿estás ahí?

— Hola, Pithecus. ¿Qué tal estás? Vaya sorpresa.

— No me han cogido en el trabajo que te comenté.

— Vaya, lo siento. ¿Y sabes por qué?

— Porque ha llegado un listo que ha sido vendedor de jamones y han considerado que eso es una experiencia determinante para trabajar en el departamento de marketing de una empresa de zapatos. Todo muy lógico, como puedes comprobar.

— Vaya, veo que estás dolido con el tema. Quizá ese al que llamas listo de manera despectiva conocía bien la cuarta regla de oro.

— O sea, que tú también eres capaz de ver sentido a este absurdo, ¿no?

— Bueno, déjame que te explique la cuarta regla para que te admitan en un trabajo: ACUMULA EXPERIENCIAS, LA INACTIVIDAD SE PENALIZA.

— ¿Me estás queriendo decir que si quiero un puesto acorde con mi preparación debo ponerme primero a servir cervezas en un bar?

— No, lo que quiero decir es que mientras llega ese trabajo que deseas, es más productivo repartir pizzas o vender enciclopedias a domicilio que estar tumbado viendo la televisión. De cualquier actividad puedes aprender enseñanzas valiosas para tu futuro. Todo suma en tu camino profesional, nunca sabes dónde se esconde una oportunidad ni de qué te va a servir dentro de 20 años la situación que viviste con un cliente al que le entregaste una pizza fría.

— Me cuesta mucho entenderlo, lo lógico sería que trabajara en aquello para lo que me he preparado.

— Debes cambiar el enfoque de tu planteamiento. Para realizar cualquier actividad necesitas múltiples habilidades. ¿Tú te imaginas que un futbolista se negara a hacer ejercicios abdominales porque argumentara que eso no tiene nada que ver con meter goles?

— Eso no es lo mismo.

— No hay diferencia alguna, piénsalo con serenidad y abandona tu paradigma actual. Todo está conectado con todo, las disciplinas sirven para poder dividir el trabajo entre los especialistas, pero no son independientes. Un médico que opera los ojos de un paciente, no podría hacerlo sin entender las conexiones de ese órgano con el resto del cuerpo. ¿Te dejarías operar la cadera por un traumatólogo al que le escucharas decir que no sabe interpretar un análisis de sangre porque no es su especialidad?

— Claro que no, eso sería un suicidio.

— Pues vas camino de ser ese médico si no cambias tu manera de pensar. Estás empezando tu vida profesional y todas las experiencias que adquieras te proporcionarán un valor incalculable.

— ¿Y qué van a decir mis amigos de la universidad si me ven como vendedor de zapatos?

— Espero que se cuestionen sus esquemas mentales y sigan tu ejemplo, de lo contrario, correrán el mismo peligro que tú. Estás en una carrera de larga distancia, y hay que llegar al final. Cada experiencia es una bolsita de vitaminas para el camino.

— ¿Sabes que estás consiguiendo? Que me entusiasme con la simple idea de trabajar. Ahora empiezo a observarlo todo desde un ángulo más abierto, me siento incluso ridículo con mi manera de pensar de hace dos minutos. ¿Qué estoy haciendo con mi vida profesional? ¡Cuánto tiempo estoy perdiendo!

— Bueno, tranquilízate, que mañana mismo puedes empezar a cambiarlo todo. ¿Qué piensas hacer?

— A primera hora voy a irme directo a ver a mi tío, le pediré disculpas y aceptaré un puesto de vendedor a comisión. Será también una forma de compensarle todo lo que ha hecho por mí. ¡Voy a venderlo todo!

Carlos pasa la noche muy inquieto, dando vueltas en su cama sin dejar de pensar, generando tantas ideas que siente que no las puede abarcar. Sale de casa muy temprano diciendo a su madre que le traerá una sorpresa muy agradable antes del mediodía.

Se presenta a las 8.30 de la mañana en la empresa de su tío:

— Carlos, vaya sorpresa, ¿qué te trae por aquí? —pregunta Voyavenderlotodo a su sobrino con un evidente tono de preocupación—. ¿Ha ocurrido algo? ¿Está bien tu madre?

— Sí, tío, no te preocupes, todo está mejor que nunca. Quiero ser vendedor de zapatos a comisión. ¿Cuándo puedo empezar?

— ¿Estás bien, sobrino? ¿Seguro que no te has dado un mal golpe al caerte de la cama esta mañana?

— Tío, estoy más sereno e ilusionado que nunca. Quiero vivir emociones profesionales, aprender, hacerme un futuro. No sé cuánto tiempo duraré, si me gustará o no, pero voy a empezar por algo, estoy cansado de dar vueltas improductivas. ¡A trabajar! Necesito acumular experiencia.

— Ahora mismo no hay hueco para más vendedores, acabamos de cubrir la vacante que tenías a tu disposición. Pero sí que necesitamos ayuda en la parte de administración de ventas. Ya sabes, controlar la actividad comercial, facturas, notas de gastos, comisiones, etcétera.

— Está bien, lo importante es empezar.

— Será sólo media jornada, por las mañanas, ¿estás seguro?

— Claro que sí, necesito empezar a trabajar.

— Bien, puedes empezar... hoy es viernes... pues el lunes mismo, no se hable más. Hoy te preparamos el contrato para que sólo tengas que firmarlo cuando llegues.

— ¿Dónde puedo informarme sobre los productos? ¿Quién tiene el listado de comerciales? ¿Cómo es aconsejable que venga vestido? ¿Cuál...?

— Para, para, no te preocupes. Vente el lunes a las 8.30 y una persona de mi equipo coordinará tu entrada en la empresa. Ahora vete a casa, disfruta del fin de semana y carga pilas porque te van a hacer falta.

Carlos se abraza a su tío emocionado y le promete que hará todo lo posible por hacer bien su trabajo. Sale del despacho saludando a todas las personas que encuentra a su paso y sin poder contener una sonrisa amplia de satisfacción y orgullo. Llega a casa exhausto porque no ha podido evitar correr sin parar desde que se despidió de su tío. Cruza el umbral de la puerta llamando a su madre a gritos:

— ¡Mamá, mamá! ¡Tengo trabajo! ¡Tengo trabajo!

— Pero, hijo mío, ¿qué dices? ¿Estás hablando en serio?

— Claro que sí, mamá, ¡dame un beso!

— Ay, qué alegría más grande me das, ¡cuéntame!

— Voy a trabajar con el tío. Tendré un puesto en "administración de ventas", suena bien, ¿verdad? Será media jornada, por las mañanas y empiezo el lunes.

— ¡No sabes cuánto me alegro! Es lo mejor que podías decirme. Gracias, Carlos, me haces muy feliz. Has tomado una decisión positiva para ti y tu futuro.

Carlos comienza su andadura profesional. Ha incorporado nuevas rutinas que aportan orden y cierta disciplina que le afectan muy positivamente. Ya no dispone de todo el día para divagar y perderse en pensamientos desequilibrantes. Ahora se sienta a almorzar con la satisfacción del deber cumplido e incluso los alimentos le saben mejor. Además, al finalizar el mes, comprueba que se ha producido el milagro de la nómina, dispone de dinero en la cuenta bancaria que abrió al firmar su contrato laboral. Es un importe reducido, porque tiene un sueldo base y es media jornada, pero el cambio para él es infinito. Ahora puede demostrar oficialmente que ya está metido en el circo del trabajo.

Muy pronto le sobreviene la necesidad de ocupar también las tardes. Se está haciendo adicto a la acción y acepta una suplencia de 3 meses en un lavadero de coches, de cinco de la tarde a nueve de la noche. Tiene que encargarse de controlar las máquinas, cobrar a los clientes y atender las incidencias que puedan surgir.

Ahora disfruta comentando a sus amigos su frenético nivel de actividad: "estoy pluriempleado: por la mañanas controlando el trabajo de unos comerciales y por las tardes en el lavadero. Además, estoy pensando en aprovechar tres horas que tengo libres al mediodía y ocuparlas en una hamburguesería donde buscan a alguien que eche una mano en esas horas punta, ¡como en las películas americanas!". Ahora no se explica cómo algunos de sus amigos siguen en casa esperando a que les llamen para las entrevistas, cuando hay tantos carteles en la ciudad con comercios y pequeñas empresas ofreciendo empleo eventual.

Todo el mundo busca seguridad laboral, pero Carlos está tranquilo con la eventualidad de sus trabajos. No busca un puesto para siempre ni que nadie se enfade si decide cambiar de empresa. Sólo busca aprender y acumular múltiples experiencias. Y el mercado está plagado de puestos de ese tipo. A los empleadores les aterra la gente que viene para aferrarse con uñas y dientes a su silla, y buscan desesperadamente perfiles flexibles, como el que ahora ofrece Carlos.

Pasan unos meses de pluriempleo sin dejar de estar abierto a otras oportunidades. Los días transcurren con cierto orden y sensación de control. Carlos se ha transportado a otro mundo, hasta tal punto, que ha olvidado sus conflictos con la lotería e incluso a su amigo Criterio, con el que no mantiene contacto alguno. Finalizando su turno en el lavadero, cae en la cuenta de que no recuerda siquiera si la ramita de Criterio seguirá estando en la mesita de noche. No recuerda haberla visto las últimas veces que ha abierto el cajón. Nada más dar la hora sale disparado hacia su casa impulsado por un repentino estado de pánico. "Espero no haber perdido la ramita", se repetía una y otra vez.

"No está, no está, ¿dónde la habré puesto?", exclama irritado rebuscando por toda la habitación. Vuela escaleras abajo para preguntar a su madre:

— Mamá, ¿has visto una ramita de olivo que tenía en mi dormitorio?

— ¿Una ramita de olivo? —responde sorpresiva doña Mercedes intentando disimular la convulsión que le produce la pregunta de Carlos. Ella ya se había encontrado con esa misma pregunta en otras circunstancias.

— Sí, la tenía en el cajón de mi mesita de noche, bueno, eso creo —Carlos en este momento no recuerda si guardó la ramita en el cajón o se le pudo caer al suelo al quedarse dormido con ella.

— No he visto nada, hijo… no sé. Bueno, hace ya unos meses mientras limpiaba tu cuarto sí que vi que había una rama en el suelo que lógicamente tiré a la basura. Yo no sé si era de olivo o de una encina. ¿Por qué preguntas por ella? ¿Es algo importante?

— No, no, era un recuerdo que me traje de la ciudad cuando fui a mis primeras entrevistas y la conservé porque pensé que me traería buena suerte.

— Bueno, pues creo que cumplió con su misión, ¿no? Mírate hoy y echa la vista atrás. Yo creo que te ha ido francamente bien.

— Sí, claro que sí —musita Carlos mientras piensa qué va a hacer ahora.

Cuando llega a la cama, siente una necesidad sin precedentes de hablar con Criterio. "Seguro que está preocupado por mí, qué mal amigo soy. Y ahora, ¿qué voy a hacer?", se pregunta angustiado y aterido por la culpa. De repente, toma el pulso de la situación porque decide ir el sábado a la ciudad a ver a Criterio para hablar "cara a ramas".

Dicho y hecho, el sábado coge el tren bien temprano y se dirige hipnotizado hacia su destino en busca de Criterio.

Asalta el primer taxi que encuentra en su camino y da al conductor las instrucciones precisas del parque en el que vive su amigo.

Al llegar al destino, abona el importe exacto y sale corriendo. Allí está, no se lo han llevado, todo sigue igual:

— Hola, Criterio.

— Hola, Pithecus, cuánto tiempo, ¿qué haces por aquí? Te has cortado el pelo y has adelgazado. Qué buena pinta tienes —responde Criterio con tono distante dejando ver que está molesto.

— Estás enfadado conmigo, ¿verdad?

— Ahora que veo que estás bien, sí, estoy enfadado contigo.

— Ya me imaginaba… Pues no sé por dónde empezarte a contar, la verdad.

— Bueno, empezaré yo. En el momento en el que las cosas te han ido un poco mejor, ni te has acordado de mí. ¿Es cierto?

— Si, así es. Pero eso no quiere decir que no seas importante en mi vida.

— Ya.

— Todo lo bueno que me está ocurriendo ha sido provocado por mis conversaciones contigo. Eso debes saberlo también.

— Algo es algo, menos da una piedra.

— Venga, hombre, perdóname, que llevo toda la semana sin dormir por este tema.

— Yo llevo meses… así que una semana no me parece nada.

— Lo siento, lo siento, ¡lo siento! Por favor, dame otra oportunidad.

— Bueno, no pasa nada, entiendo lo que te ha ocurrido y te creo cuando me dices que sigo siendo importante en tu vida.

— ¿De verdad?

— Sí, claro, si no, no lo diría.

— Es que entre los humanos, si alguien te dice que no te preocupes, que no pasa nada, así de repente, entonces sí que tienes que preocuparte. Muchas cosas se dicen porque sí, para dar paso al siguiente capítulo, pero sin que queden las heridas cerradas. Después pasa lo que pasa, claro.

— Yo no soy humano, afortunadamente, y digo lo que realmente pienso, cuando me piden opinión, por supuesto. Anda, cuéntame qué has hecho todo este tiempo sin mí.

Carlos explicita con detalle todas las peripecias acontecidas desde la última conversación que mantuvieron. Cuando lo ha contado todo, Criterio toma la palabra:

— Bien, Pithecus, bien. Y ahora te pregunto: ¿qué has aprendido en este tiempo?

— No estoy seguro, la verdad, es una pregunta muy difícil. He estado tan ocupado que no me he parado a pensar.

— Te lo formulo de otra manera, ¿de qué te ha servido todo lo que has hecho hasta ahora?

— Pensándolo un poco, creo que todo esto me ha servido para darme cuenta de que hay que empezar a dar pasos porque la inactividad es como vivir dormido.

— ¿Y qué has descubierto mientras caminabas?

— Pues, ¿sabes qué es lo que más me ha llamado la atención?

— Cuéntame, soy todo oídos…

— Mi manera de entender a las personas. Las veo cómo se comportan en su trabajo, cómo piensan sobre sus jefes, la cantidad de cosas que se piensan y no se dicen, cómo cambian algunos individuos cuando asumen el rol de clientes. Esto último es muy curioso: hay gente que no es capaz de llevarle la contraria a su jefe o a su marido o mujer y, sin embargo, cuando vienen con unas monedas a comprar una hamburguesa se sienten durante unos segundos ungidos de poder mostrándose despóticos y maleducados con el camarero. El *burger* o el lavadero de coches son lugares donde algunos hipercompensan su cobardía cotidiana.

— Bueno, veo que has aprovechado el tiempo.

— La verdad es que no me había parado a recapitular. Ves como eres fundamental. Si no fuera por ti, me quedaría enterrado en el devenir de los hechos sin elevarme al universo de las ideas, que es lo que marca la diferencia entre los seres humanos.

— Deberías leer más a los clásicos, los enormes pensadores que han dejado sus elucubraciones selladas en papel. Estás preparado para empezar a dialogar con ellos. Tú sabrías sacarle jugo, tienes madera de filósofo...

— Ahora que lo dices, uno de los pensamientos más habituales tiene que ver con el sentido de la vida, con esa pregunta que no me había formulado antes y que ahora aflora con fuerza: ¿para qué hay que hacer todo este esfuerzo?, ¿qué sentido tiene?

— Dispongo de muchas ideas que podría compartir al respecto, pero todavía creo que debes seguir dando prioridad a la acción. Necesitas un cúmulo mayor de experiencias para que podamos hablar del sentido de todo. La vida hay que vivirla. Lo que tú buscas continuamente, el criterio para tomar tus mejores decisiones, surge de las vivencias cuando las combinas en una sabia proporción con dosis de abstracción. Si sólo piensas te conviertes en un teórico, y eso tampoco te vale. Recuerda: Actúa – Piensa – Actúa – Aprende – Actúa – Vuelve a pensar – Actúa – Vuelve a aprender – Actúa...

— No sé si te entiendo bien...

— Mira, Pithecus, llevas toda tu vida estudiando lo que han pensado otros y te han valorado por ello. Ya es hora de que empieces a desarrollar pensamientos propios y dispongas de opinión fundamentada, no conjeturas. La opinión surge de la vivencia, cuando puedes decir "yo lo hice", "yo estuve allí". Cuando te lo han contado, lo has leído o sólo lo has pensado, pero no puedes hablar por experiencia propia, cualquier cosa que digas al respecto será una elucubración. Y en el mundo profesional tienen valor las opiniones, no las elucubraciones.

— Bueno, pues parece que está claro que ahora lo que me toca es meter la cabeza en el manillar y pedalear unos cuantos kilómetros sin descanso.

— Efectivamente, ahora debes equilibrar la balanza y dotar de más experiencia a tu currículo. Hoy sólo hay teoría. Cuando tengas 30 años, si has sabido combinar tu formación teórica con una sólida y diversificada experiencia, estarás preparado para aprovechar las oportunidades que el entorno te ofrecerá.

— Bueno, tengo que marcharme, ¿me das otra ramita para comunicarme contigo? He perdido la que me entregaste.

— Vaya, eso no me lo habías dicho, pensé que habías venido a verme para compensar el tiempo que hemos estado sin hablar.

— Me dio mucha vergüenza, la verdad.

— Vale, no te preocupes, no pasa nada, pero no puedo darte otra en este momento. Si quieres hablar conmigo, a partir de ahora tendrás que venir físicamente aquí tres veces. Entonces tendrás derecho a llevarte de nuevo una ramita de tu amigo Criterio. También aprenderás a cuidar de las cosas que te importan. Los jóvenes estáis muy acostumbrados a que "nunca pase nada". El mundo profesional no funciona de esa manera. Si no has sabido cuidar una ramita que es tan importante para ti, por qué vas a cuidar mejor a un cliente, por ejemplo...

— Glup... yo pensaba que los verdaderos amigos son comprensivos y perdonan los errores.

— Yo no dejo de ser comprensivo contigo ni tengo que perdonarte nada porque no has incumplido nada conmigo. Sólo te ayudo a que aprendas a gestionar tu ámbito de responsabilidad.

— ¿Siempre sales tan bien de todas las situaciones?

— He ido aprendiendo de vosotros los humanos. He presenciado conversaciones increíbles. Mi único mérito ha sido saber escuchar a tus congéneres durante 2.000 años.

— Bueno, voy a marcharme ya, que tengo mucho en lo que pensar. ¿De verdad que no me vas a entregar la ramita?

— Claro que no, si lo hago no aprendes nada de lo que pretendo enseñarte. Si dejas de hablarle a tu novia durante 4 meses, cuando quieras volver, no pretendas que te reciba con los brazos abiertos. Tendrás que hacer un esfuerzo para restablecer el equilibrio que tú te has encargado de romper.

— Vale, vale, entendido. ¿Y no podemos dejarlo en dos en vez de en tres?

— No, no cabe negociación. No te has ganado todavía el derecho a negociar.

— De acuerdo, pagaré mi descuido… ¡qué duro eres! —termina Pithecus la conversación con tono agradable y reconociendo que entiende y acepta la decisión de Criterio.

— Anda, vuela por ahí, y espero verte de nuevo pronto, que no pasen meses… Recuerda que confío en ti y que yo también necesito tu presencia.

Carlos ha cambiado su enfoque de la vida profesional y, de no saber cómo ocupar sus horas, ha pasado a no tener ni un minuto libre. Sus ojos sólo ven oportunidades para aprender y acumular experiencias. Este nivel de actividad le permite entrar con facilidad en una espiral positiva y animosa que le hace sentir seguro y responsable.

Pasan las semanas y Carlos acude ante la presencia de Criterio tres sábados consecutivos para recuperar el privilegio de disponer de una ramita de su amigo. Sus conversaciones han sido cortas y dirigidas especialmente a estimular a Carlos para que se mantenga en la misma línea de actividad en la que se encuentra inmerso.

Por fin suena el teléfono un día cualquiera a media mañana. Doña Mercedes atiende la llamada, es una empresa que busca a Carlos para concertar una entrevista. Con aire de satisfacción comenta que su hijo está en el trabajo y que le pasará el recado en cuanto regrese.

Llega a casa al mediodía y nada más cruzar la puerta es abordado por su madre quien se apresura en darle la noticia:

— Cariño, tienes una entrevista de trabajo en la empresa QUINTA OPORTUNIDAD. Éste es el teléfono —añade doña Mercedes mientras entrega a Carlos el papel donde lo había apuntado.

— Vaya, qué sorpresa, voy a llamarles ahora mismo, a ver qué posición tienen abierta para mí.

Llama de inmediato a QUINTA OPORTUNIDAD y le comentan que la entrevista es para incorporarse como jefe de sección al centro comercial más importante de su ciudad, que pertenece a una conocida cadena multinacional.

Carlos les comenta si es posible mantener la entrevista a las 7 de la mañana o a las 21.30 de la noche, porque sus compromisos laborales actuales no le permiten otros horarios. También les indica que no tendría inconveniente en hacerlo un sábado. Por supuesto, les da la opción de un horario más convencional, pero sometido a que pueda planificarse con tiempo para no perjudicar a las empresas en las que actualmente trabaja.

Recibe con sorpresa una respuesta muy comprensiva de QUINTA OPORTUNIDAD y cierran finalmente la entrevista para el sábado por la mañana.

Se prepara a conciencia su encuentro, llegando a tener un conocimiento relevante sobre la actividad de dicha multinacional de los grandes almacenes. Además busca huecos para pasear por dicho establecimiento y observar detalles como la disposición de los productos, orden, limpieza, atención de los clientes, etc. Acude a su madre también para que le ayude a recopilar información. Ella es clienta habitual desde hace años y dispone de una visión muy completa sobre la historia y evolución del centro.

Llega a la hora convenida, vestido como un pincel, con su cuaderno de notas y con una actitud dispuesta y serena.

La entrevista transcurre de manera apacible y cómoda para Carlos. Y llega la pregunta clave:

— ¿Qué has estado haciendo hasta ahora? ¿En qué has ocupado el tiempo desde que terminaste tus estudios?

— Además de seguir buscando trabajo acorde con mi cualificación, para acumular experiencia y mantenerme activo estoy trabajando por las mañanas en un puesto de administración de ventas, al mediodía en un *burger* y por las tardes en un lavadero de coches.

— Vaya, ¿y te gusta?

— Es fascinante, estoy aprendiendo muchísimo sobre las reglas del mundo laboral y, sobre todo, sobre el comportamiento del ser humano. Es muy enriquecedor contemplar la vida desde detrás de un mostrador. Además, también he experimentado la sensación de ganar dinero por mí mismo y eso me hace sentir más completo y también integrado en el mundo real. Cuando sales de la Universidad no es tan sencillo incorporarse al régimen laboral, las reglas del juego son distintas.

— Bueno, nos cuadra un perfil de tus características a la perfección. Estamos buscando a alguien joven, formado y con inquietudes, para que se incorpore desde la base del negocio y que en nueve meses se haga cargo de una sección. El contrato es indefinido, y el sueldo para empezar es de 20.000 euros brutos anuales. Si quieres, el puesto es tuyo. No tienes que contestarme ahora mismo. Nos llamas en un par de días y nos comentas tu decisión.

— Vale, de acuerdo, muchísimas gracias, mañana o pasado les llamo sin falta. Ah, una última cuestión: en caso de que aceptara la propuesta necesitaría, por favor, dar un tiempo a las empresas con las que actualmente trabajo. No me parece justo salir en estampida, han confiado en mí y quisiera ser elegante, hacer bien las cosas.

— Claro, no te preocupes por eso, te daríamos el tiempo para que pudieras salir de manera ordenada de tus empleos actuales. Esa actitud demuestra que hemos acertado contigo.

— Gracias, muchas gracias por todo —expresa con satisfacción Carlos mientras se despide de su entrevistador con un apretón firme de manos.

Como no podía ser de otra manera, Carlos rapta a su madre en el mejor restaurante de la zona para celebrar la buena noticia:

— Cómo ha cambiado tu vida, hijo mío. No sé con quién has hablado o qué te ha ocurrido, pero pareces otro. Venga, ¡chin chin! —exclama doña Mercedes brindando con una sonrisa incontenible.

— ¡Chin chin, mamá! Gracias por todo, eres una madre extraordinaria.

— Gracias, hijo, te aseguro que hago todo lo que puedo, y no sigas que me voy a ruborizar... Bueno, ¿qué vas a hacer?, ¿vas a aceptar el nuevo empleo?

— Creo que voy a decir que sí, es una buena oportunidad, pero antes tengo que hablar con todos mis jefes para darles tiempo y hacer una salida ordenada que no les genere ningún problema.

— Ves como no pareces el mismo… Estoy completamente de acuerdo contigo. No tienes por qué quedar mal con nadie.

Pasan una apacible velada, hablando de todo, recordando viejos tiempos, soñando juntos con el futuro.

Después se van de compras, luego al cine y vuelven exultantes a casa deseando ponerse cómodos y picar algo frente a la televisión.

Poco antes de la media noche, Carlos se levanta del sofá para dar un beso cómplice a su madre y dirigirse presto al dormitorio, donde le aguarda una reconfortante conversación con Criterio:

— Hola, ¿estás ahí? —pregunta Carlos con la ramita de Criterio entre las manos.

— Claro que estoy aquí, qué agradable sorpresa.

— Tengo que contarte algo.

— ¿Qué ha ocurrido?

— Pues que me han seleccionado por fin para un trabajo acorde a mis expectativas profesionales.

— ¿De qué? ¿Dónde? ¡Cuéntame!

Carlos cuenta con pelos y señales todo lo acontecido bajo la escucha atenta de Criterio. Tras diez minutos de profuso monólogo, Criterio le interrumpe:

— Bien, ¿y qué has aprendido de todo esto?

— Muchas cosas…

— ¿Concretamente?

— He aprendido que hay otros mundos además del mío. Hasta ahora no me había dado cuenta de lo encerrado que estaba en mis planteamientos y paradigmas.

— Es un descubrimiento que muchos no llegan a realizar en toda su vida, enhorabuena. ¿Qué más?

— He aprendido también que sólo avanzas mientras vas dando pasos. Todo suma y de cualquier vivencia puedes extraer algo útil.

— Fenomenal, ¿qué más?

— Que es más sencillo encontrar trabajo mientras estás activo que desde el paro.

— Ajá, interesante… ¿Y qué conclusión sacas de tu entrevista en QUINTA OPORTUNIDAD?

— Me he quedado con la sensación de que puedo elegir, que depende de mí. En todos los procesos de selección en los que he participado siempre he sentido que tengo poco que decir, que son otros los que deciden por mí. Y ahora he descubierto que cuando cumples con tu parte, cuando haces lo que te corresponde hacer, entonces todo se da la vuelta y te conviertes en alguien libre que realmente puede elegir su sitio profesional.

— Me alegro de que hayas llegado tú solo a la conclusión a la que pretendía conducirte: efectivamente, mi querido Pithecus, dependes de ti, es posible elegir. Buscar trabajo no significa ponerte a mendigar oportunidades que no te mereces. Se trata de merecerte el lugar donde desees trabajar.

— Gracias, Criterio, no hubiera conseguido nada de esto sin ti. Hasta mañana.

— Hasta mañana, amigo mío, duerme tranquilo, lo necesitas.

Carlos se levanta temprano y, mientras está en la cocina desayunando, aparece su madre con una cajita en las manos:

— Buenos días, mi amor. ¡Felicidades!

— Buenos días, mamá. ¿Felicidades?

— Hoy es tu cumpleaños, y ya son 24, ¿no te acordabas?

— No te lo podrás creer, pero se me ha pasado completamente. ¿Esa cajita es entonces mi regalito? —pregunta entre risas.

— Esta tarde, cuando soplemos las velas tendrás mi regalo, y ya verás cómo te va a gustar. Pero esto que te traigo ahora lo dejó tu padre para ti, y me hizo prometer que no te la entregaría hasta que cumplieras los 24 años.

— ¿Qué es, mamá?

— No sé, hijo, no me he atrevido a mirar. También tuve que comprometerme a no abrirla. Sólo tú tienes acceso a ella.

Carlos abre la caja con enorme intriga y nerviosismo. Examina su contenido. Encuentra una ramita rota por la mitad, una hoja manuscrita y un libro de tapas blancas. Tras leer la nota con máxima atención, mira a su madre con ternura y le habla con voz templada:

— Mamá, ahora lo entiendo todo.

— ¿Qué es lo que entiendes, Carlos? Dime, por favor, estoy muy nerviosa.

— Mamá, papá fue un buen hombre, y nos quiso mucho a los dos. Su problema fue quedarse sin criterio. Siéntate, por favor, y te lo explicaré todo.

SOBRE EL AUTOR

Elisardo López Ibáñez (Jerez de la Frontera, 1968) llegó a Madrid en el año 1986. Tras licenciarse en Derecho y en Empresariales (ICADE E-3) inició su carrera profesional en multinacionales de primer nivel: Volkswagen, PricewaterhouseCoopers, Microsoft, Navision.

Durante esta etapa ocupó puestos muy diversos en dichas compañías. Fue contable, asesor fiscal, director de marketing, comercial y miembro de comité de dirección.

Decidió trabajar por su cuenta en el año 2000 y fundó una empresa llamada Marcom Deli (www.marcomdeli.com) desde la que ofrece sus servicios profesionales como consultor y formador.

Es un incansable observador del ser humano y tiene la oportunidad de compartir sus impresiones y conclusiones a través de las charlas y seminarios en que participa.

Su motivación principal es ayudar a las personas para que les vaya mejor en su trabajo.

Para contactar con Elisardo, puede hacerlo escribiéndole directamente a su email: elisardolopez@marcomdeli.com

www.ingramcontent.com/pod-product-compliance
Lightning Source LLC
Chambersburg PA
CBHW051220170526
45166CB00005B/1974